가상

- 미학의 개념 -

문학의 기본 개념 27

가상

- 미학의 개념 -

박민수 지음

연세대학교 대학출판문화원

문학의 기본 개념 27

가상 - 미학의 개념 -

지 은 이 박민수
펴 낸 곳 연세대학교 대학출판문화원
주 소 서울특별시 서대문구 연세로 50
전 화 02)2123-3380~2
팩 스 02)2123-8673
홈페이지 http://press.yonsei.ac.kr
ysup@yonsei.ac.kr
인 쇄 (주)태화북스

2016년 9월 12일 1판 1쇄
ISBN 978-89-6850-172-2 (93800)

값 11,000원

머리말

이 책은 미학의 개념 '가상'을 다룬다. 가상이 미학의 개념으로 등장한 것은 18세기 전반의 일이다. 철학의 분과로서 미학이 성립된 것도 비슷한 무렵이니, 가상은 이 학문의 성립 초기부터 채택된 개념인 셈이다. 미학이란 학문의 공식적 성립 시기를 18세기 전반으로 잡는 통상적 견해는, 독일의 철학자 바움가르텐이 1739년 이 독자적 학문 분과의 명칭을 최초로 제안했다는 사실에 근거를 두고 있다. 그리고 바움가르텐의 제안 이후 유럽에서는 미와 예술에 관한 철학적 성찰에 미학이란 명칭을 붙이는 것이 일종의 학문적 관례가 된다. 물론 그렇다고 해서 미와 예술에 관한 근대의 철학적 성찰이 독일에서 1739년이란 해에 갑자기 시작되었다는 뜻은 아니다. 근대 철학의 특색을 갖춘 미와 예술의 성찰은 이미 그보다 앞선 시기부터 영국과 프랑스 및 독일을 중심으로 시작되고 있었다.

하지만 가상이란 개념은 18세기 이후 유독 독일 미학에서만 핵심 개념으로 자리 잡는다. 본문 첫머리에서 다시 언급하겠지만, 이때 우리말 '가상'으로 번역되는 독일어 단어는 'Schein(샤인)'이다. 이 단어는 독일은 물론 다른 언어권에서도 흔히 사용되던 'illusion'이나 'fiction', 'semblance' 혹은 'mimesis' 등의 개념과 비교해서 변별 가능한 다수의 의미를 동시에 함축한다는 장점을 갖는다. 그리고 독일 사상가들의 시각에서 'Schein'이 함축하는 다중적 의미는 미와 예술의 본질적 특성을 표현하기에 아주 적절한 것이었다.

근현대 미학에서 가상이란 개념이 일종의 '명성'을 떨치게 된 것은 아마도 헤겔과 니체, 아도르노 그리고 실러 같은 굵직한 독일 사상가들 덕분일 것이다. 이들의 철학이 - 실러는 다소 예외일지라도 - 근현대 사상에 미친 영향은 결정적이었으며, 이들의 미학 사상 또한 짙은 그림자를 드리웠고, 이때 가상이란 개념은 지극히 강한 인상을 남겼기 때문이다. 그리고 이들의 미학에서 등장하는 가상 개념은 독일어 단어 'Schein'이 지닌 다중적 의미를 모두 함축한 것이었다. 이런 맥락에서 오늘날 우리가 미와 예술에 관한 철학적 고찰과 관련해 알고 있는 가상이란 용어는 독일 미학 전통의 개념이라 할 수 있다.

바로 이런 이유에서 이 책에서는 가상에 관한 근현대의 미학적 성찰을 논할 때 독일 사상가들만을 다룬다. 필자가 선별한 사상가는 바움가르텐과 람베르트, 칸트, 실러, 헤겔, 니체 그리고 아도르노이다. 지면의 제한을 고려하면서 가상 논의와 관련된 주요 이정표를 꼽아야 한다면 이 7인의 사상가가 최적이라고 판단했기 때문이다. 독일 미학의 본격적 개시를 알리는 바움가르텐의 라틴어 문헌에서는 물론 'Schein'이란 독일어 개념이 등장하지 하지 않는다. 하지만 그의 'fictiones' 개념은 합리론 전통의 람베르트와 칸트 미학에서 논의되는 'Schein' 개념과 직결되는 내용을 담고 있다. 비판철학 시기 칸트의 미학 주저인 『판단력 비판』에서는 가상, 즉 'Schein'이란 개념이 단 몇 차례밖에 등장하지 않는다. 그러나 칸트 미학은 사실상 미와 예술의 가상에 관한 최초의 체계적 사상을 담고 있는 것이기에 그에 관한 논의는 필수적이라 생각된다. 실러와 헤겔, 니체, 아도르노가 이 주제와 관련해서 반드시 논의되어야 할 이유는 따로 설명할 필요가 없을 것이다.

미학의 개념 가상은 근대 독일 철학에서 형성된 용어이지만, 이 개념과 결부된 문제의식의 생성은 훨씬 이전으로 소급된다. 그 생성 시점은 서양에서 참된 존재와 참된 앎이 중요한 문제로 고찰되기 시작한 때라 할 수 있다. 서양의 형이상학 내지 철학이 태동한 시점부터 참된 있음(존재)과 참된 앎(진리)에 대비되는 개념은 등장한다. 비-존재나 비-진리를 가리키는 고대 그리스어는 여러 가지가 있겠지만, 오늘날 우리에게 익숙한 용어로 이는 가상이라 불릴 수 있을 것이다. 물론 이때의 가상은 형이상학적 개념이지 미학의 개념은 아니다. 그런데 고대 그리스인들은 그들의 형이상학적 고찰에서 오늘날 예술이라 불리는 사물들의 본질적 특징 또한 비-존재나 비-진리로 규정하곤 했다. 고대 철학의 이러한 관점은 서양에서 예술을 바라보는 관점의 근원을 이루며, 이는 근현대 미학의 관점에도 결정적 영향을 주었다. 독일 미학의 개념인 가상 또한 고대 형이상학에 뿌리를 두고 있음은 물론이다. 이런 이유에서 이 책에서는 근현대 독일 미학의 가상 개념을 논하기에 앞서 고대 주요 철학자들의 사상에서 등장하는 비-존재와 비-진리 및 미와 예술에 관한 논의를 다룬다. 그리고 아주 간단히나마 중세 사상에서 발견되는 미와 예술의 가상이란 문제도 논의될 것이다.

이 책의 마지막 장에서는 현대의 디지털 매체환경에서 등장하는 가상 개념을 다룬다. 이때 독일 미학 전통의 가상 개념은 새로운 매체현실의 특성을 구체적으로 규명하기에는 그다지 적절한 개념이 아니라는 점도 언급될 것이다. 더불어 이 장에서는 오늘날 '시뮬라시옹'이란 개념을 유포시킨 프랑스 사상가 보드리야르도 간단히 언급할 것이다.[1)]

---

1) 이 책에서는 외국저작에서 인용할 시 '문학의 기본 개념'의 편집 원칙에 따라 가급적 번역본에 근거했다. 하지만 이런 경우 문맥에 따라 필자가 자유롭게 수정한 경우도 적지 않음을 미리 밝혀둔다.

차 례

I.

고대 철학에서 가상

1. 가상의 3가지 의미 층위

네이버 국어사전에서 '가상假象'을 찾아보면 철학의 용어라는 표시와 더불어 이런 뜻풀이가 주어져 있다. "주관적으로는 실제 있는 것처럼 보이나 객관적으로는 존재하지 않는 거짓 현상." 즉 객관적 사태 자체는 그렇지 않은데, 인식 주관인 인간에게는 '마치 그런 것처럼' 보이는 현상이 바로 가상이다. 이런 정의에 따르면 철학의 개념 '가상'은 착오나 허위 등의 개념과도 상통한다. 여기서 좀 더 자세한 개념 정의를 살펴보자.

우리가 '인식'을 말할 때, 그것은 보통 사태 자체를 파악하는 의식작용 내지는 의식작용의 결과를 뜻한다. 이 '사태 자체'를 우리는 진상(眞相)이라고 부르고, 진상을 제대로 파악한 인식을

> 진리라고 부른다. 이럴 경우 진상이 아닌 가짜, 즉 가상(假象, Schein)을 진상으로 혼동하는 것을 착오(錯誤, Irrtum)라 부르고, 이 착오로 인해 이른 잘못된 인식을 허위(虛僞, Falschheit)라 일컫는다(백종현, 2003: 91).

예를 들어 물속에 곧은 지팡이를 넣으면 그것이 휘어져 보인다. 이때 그 휘어진 모습이 이를테면 가상이다. 이 가상을 보고서 지팡이를 실제 그런 모습으로 여긴다면 이는 착오이며, 이런 착오의 결과로 잘못된 인식, 즉 허위가 발생한다. 태양이 지구 둘레를 도는 것처럼 보이는 현상에 관해서도 같은 이야기를 할 수 있다. 이처럼 철학에서 가상은 사태 자체 내지 본연의 사태로서의 '존재'(이는 '현실'이나 '실재' 등의 말로 대체할 수 있다) 및 이런 존재에 대한 참된 인식으로서의 '진리'와 대립하는 개념이다.

그런데 상기 백종현의 정의에서 눈에 띄는 점은 이 가상이라는 개념의 원어로 굳이 독일어 단어 'Schein'을 병기해 놓았다는 점이다. 이 점은 주목할 필요가 있다. 왜냐하면 철학 및 그 분과인 미학의 용어로서 가상은 대개 이 독일어 단어의 번역어로 도입된 것이며, 이 독일어 단어는 우리말 가상으로는 모두 표현할 수 없는 다중의 의미를 지니고 있기 때문이다. 이 독일어 단어는 영어와 불어에서 통상 'semblance'나 'appearance'로 옮겨지곤 하는데, 이런 단어들 또한 'Schein'이 담고 있는 의미를 모두 담아내지 못한다(Früchtl, 2003: 367).

일상 독일어에서 'Schein'은 그 동사형 'scheinen(샤이넨)'과 더불어 '빛남', '반짝임', '눈에 보임', '~한 모습으로 나타남' 및 '착각'이나 '환각' 등의 의미와 결부되며, 어원상으로는 '보다'라는 뜻의 동사 'schauen(샤우엔)'과 연관이 깊다(Brittnacher/Stoermer, 2000: 12). 이런 의미를 지닌 일상어 'Schein'이 독일에서 철학 용어로 자리 잡기 시작한 것은 18세기 초이다.

잘 알려져 있듯, 서양 철학은 고대 그리스에서 시작되었고, 이때 - 특히 플라톤과 아리스토텔레스에 의해서 - 수많은 용어들이 생겨났다. 그리스 철학의 개념들은 로마 제국의 건설 후 라틴어로 번역되었다. 중세 유럽에서 라틴어는 신학의 언어였으며 근대 초에도 학문의 언어라는 지위를 유지했다. 그러다가 17세기 말~18세기 초에 이르면 유럽 주요 국가들에서 자국어로 학문을 하려는 경향이 나타났다. 독일의 경우에는 크리스티안 볼프Christian Wolff (1679-1754)와 그의 제자들에 의해 오랜 세월 그리스어나 라틴어로 전승되어 온 철학 개념들이 독일어로 번역되기 시작했다. 독일어 단어 'Schein'도 이 과정에서 철학의 용어로 도입된 것이다.

철학의 용어로서 'Schein'은 대략 3가지 의미 층위의 고전어 단어들에 상응하는 말로 사용되기 시작했다(Santel/Rohs/Liebsch, 1992: 1230). 먼저 이 독일어 단어는 1) '빛남'이나 '반짝임'을 뜻하는 그리스어 'splendor'나 'lumen' 및 그 동사형 'lucere'와 이들에 상응하는 라틴어 단어들의 역어로 사용되었다. 다음으로, 2) 'Schein'은 '눈에 보임', '가시화됨', '스스로를 나타냄', '눈앞에 나타남' 등의 의미를 지닌 그리스어 'phainomenon'이나 'phaenomenon', 'apparentia' 및 이에 상응하는 라틴어 단어들의 역어로도 사용되었다. 이런 의미의 'Schein'과 'scheinen'은 눈으로 보듯 분명하다는 긍정적 뉘앙스를 지닐 수도 있지만, 피상적이라는 부정적 뉘앙스를 가질 수도 있었다. 마지막으로, 3) 이 독일어 단어는 가짜나 착각, 환각, 환영 등을 뜻하는 그리스어 'pseudo'나 'illusio' 및 그 라틴어 상응어의 역어로 사용되었다. 이런 경우 'Schein'은 다분히 부정적인 뉘앙스를 지녔다.

이 세 가지 의미 층위를 본다면, 철학 개념으로서 'Schein'은 일상어로서 이 단어가 지닌 의미 스펙트럼에서 그다지 먼 거리에 있지 않음을 알 수 있다. 달리 말해, 18세기 초 독일인들은 복합적 뉘앙스를 지닌 일상어 'Schein'을 끌어들여 3가지 의미군의 고전어 단어들을 총칭했다고 할 수 있다. 물론 이 고전어 단어들이 항상 'Schein'이라는 한 가지 단어로 번역되었다는 뜻은 아니다. 상기 그리스어 단어들은 오늘날 유럽어에도 그 흔적을 강하게 남겼으며, 독일어의 경우도 예외는 아니다. 'Phänomen'이나 'Illusion' 혹은 'Pseudo' 등이 그런 예이다. 그런데 독일어의 이런 단어들은 오늘날까지도 'Schein'이란 말로 대체하기가 아주 용이하다.

다른 한편, '빛나다'와 '가시화되다' 및 '가짜'라는 세 가지 의미군이 단 하나의 독일어 철학개념으로 포섭될 수 있었던 것은 고대로부터 이 의미군들이 긴밀한 연관을 맺고 있었기 때문이기도 하다. 즉 고대의 사상가들에게 '빛나다' 내지 '반짝이다'란 관념은 '빛을 받아 모습을 드러내다', '눈에 보이다', '감각에 의해 지각되다' 등의 관념을 연상시켰고, 이처럼 감각에 드러난 사태는 '분명하다'는 의미를 지니기도 했지만 많은 경우 본질을 감추는 '가짜'라는 관념과 쉽게 연결되었다. 그리고 감각에 의해 포착된 세계와 세계의 참된 모습 사이의 관계는 고대 철학의 가장 근본적인 물음이었다. 사실 고대 이후 서양 철학의 역사는 감각에 드러난 사태, 즉 가상과 그 배후에 숨은 진짜 모습, 즉 본질(= 실재 = 존재 = 현실) 및 그에 대한 인식으로서 진리 사이의 관계를 규명하려는 작업의 역사였다 말해도 과언이 아니다. 그러므로 18세기 초부터 독일어 단어 'Schein'으로 지칭되기 시작한 사태와 그에 대한 철학적 문제의식은 이미 고대 그리스에서 철학이 시작됨과 더불어 탄생한 것이라 할 수 있다.

아래에서 우리는 존재 및 진리와 가상의 관계를 논한 그리스의 철학자 다섯 사람을 논할 것이다. 다섯 사람의 이름은 파르메니데스와 프로타고라스, 고르기아스 그리고 플라톤과 아리스토텔레스이다. 이 다섯 명으로 논의 대상을 국한한 것은 지면상의 제약과 필자의 능력부족 때문이기도 하지만, 존재/진리 대 가상이라는 형이상학적 물음을 제기하는 방식과 그 답변의 제시에서 이들이 남다른 독창성과 획기적 면모를 보여준 때문이기도 하다. 플라톤과 아리스토텔레스는 예술의 가상 성격이란 문제에 체계적으로 접근한 최초 사상가들이란 점에서도 특별히 주목받을 이유가 있다.

2. 파르메니데스

고대 그리스의 철학자 아리스토텔레스Aristoteles(BC 384 ~ BC 322)에 따르면 서양에서 철학을 최초로 시작한 사람은 탈레스Thales이다. 기원전 7세기에 살았던 탈레스는 이 세상의 질서와 조화로움에 경탄하고, 그런 질서와 조화가 어디서 비롯되었는지를 생각의 힘으로 답하려 한 최초의 인물이었다. 탈레스는 이 세상이 물에서 비롯되었다고 보았는데, 이는 세상의 '근원'에 대한 최초의 이론적 탐구와 해명이었다 말할 수 있다. 신화에 근거해 세상을 이해하던 전통에서 벗어난 방식, 자연관찰을 토대로 생각을 가다듬어 삼라만상을 이해하려는 방식이 최초로 발생한 것이다.

지진이나 홍수, 일식이나 월식, 천둥과 번개 같은 현상들을 자연현상으로 이해하려는, 즉 비밀스런 힘이나 신화에 기대지 않고 이해하려는 시도가 행해진다. 세계는 고유한 권리를 지니는 실재로 이해되고, 이 세계의 구성과 구조에 대해 물음을 던짐으로써 생성과 소멸이라는 핵심적인 문제 자체도 사유를 통해서 포착된다(회페, 2001: 26).

세계를 신화와 무관한 고유의 실제로 인정하고 그 질서 내지 구조를 사유에 의해 포착하려는 노력은 세계의 설명을 위한 추상적 원리를 산출했다. 탈레스에 의해 최초로 제시된 이 추상적 원리는 '근원'이라 불리는 무엇에 의해 이 세계의 질서를 설명함을 내용으로 한다. '근원'은 생성과 소멸을 포함한 이 질서의 근본원인인 동시에 근본물질이다.

모든 존재자에게는 공통의 근원arché이 있다. 이 근원은 사물의 다원성의 근간을 이루는 '원질'이자, 경험 가능한 변화의 '원인'이다(쿤츠만/부카르트/비트만, 2000: 31).

탈레스 이후로 기원전 6~4세기에 걸쳐 세상을 어떤 근원에 의해 설명하려는 노력은 계속되었다. 물론 근원은 물이라는 탈레스의 견해에 모든 이가 동의한 것은 아니었기에 그밖에 다양한 근원이 제시되었다. 예컨대 헤라클레이토스Heracleitos는 불을, 아낙시메네스Anaximenes는 공기를, 아낙사만드로스Anaxamandros는 '한정되지 않은 것(비한정자)aperion'을 세상 만물의 근원으로 제시했고, 피타고라스Phytagoras는 수를 우주 질서의 근원이라 생각했다. 또 엠페도클레스Empedokles는 사랑(당기는 힘)과 미움(밀어내는 힘)에 의해 이합집산하는 물, 흙, 불, 공기의 네 가지 원소를 만물의 근원이라 주장했다. 그리고 레우키포스Leukippos와 그의 제자 데모크리토스Demokritos는 더 이상 분할되지 않는 미소 물질, 이른바 '원자'를 우주만물의 근원이라 보았다(쿤츠만/부카르트/비트만, 2000: 31-33).

기원전 6세기의 인물 파르메니데스Parmenides는 서양 철학의 이러한 태동과정에서 하나의 분수령을 이루는 인물이다(거드리, 1981: 60). 앞서 소개한 '근원'의 탐구자들은 지극히 다양한 것들의 생성·소멸로 가득 찬 세계, 항상적이지 않고 늘 변화하는 우주에서 그 어떤 질서 내지 동형성 혹은 구조를 간파할 수 있다고 믿었다. 이들은 다수는 소수에서 생겨나며 그 역은 성립하지 않는다는 원리, 그리고 궁극적으로 이 소수는 하나로 환원될 수 있다는 관점에 입각했다. 앞서 보았듯, 이들의 방식은 감각에 의한 관찰에 의거해 추상을 전개하여 이 근원적 하나를 세상 만물 중의 어떤 사물(물이나 불 혹은 공기)로 규정하는 것이 가장 일반적이었다. 물론 삼라만상의 근원을 단 하나의 물질로 규정하는 데는 현실적으로 무리가 따랐기에 근원물질의 수를 다소 늘리고 어떤 작용력을 끌어들여 우주의 변화를 설명하는 입장도 생겨났다. 또한 감각적 경험과 관찰에 너무 얽매이지 않고 다소 높은 정도의 추상을 전개하여 '비한정자'란 것을 제시하는가 하면, 눈에 보이지 않는 동형의 미소 물질, 즉 '원자'를 착안해내어 만물의 생성·소멸을 설명하기도 했다.

그런데 파르메니데스에게는 무상한 세계의 불변적 근원이 과연 무엇인지, 과연 몇 개인지 등의 물음은 더 이상 중요하지 않았다. 오히려 그는 세계란 정말로 항상적이지 못한가라는 물음을 제기한다. 즉 그는 전시대와 동시대의 철학자들이 당연시한 생성과 소멸이란 개념을 근본적으로 다시 천착해 본다. 우리의 감각적 경험에 비춰보면 생성과 소멸은 분명히 존재한다. 그러나 파르메니데스는 감각적 경험 내지 관찰을 애초부터 배제하며, 오로지 생각의 능력, 즉 점차 신체적 감각과 구분되어 지성 내지 이성이라 불리게 되는 능력에 근거해 세계를 이해하려 한다. 지성 내지 이성은 세상이치의 옳고 그름을 따지는 능력이기에 임의적일 수 없다. 사유는 올바른 규칙성을 갖고서(물론 이런 규칙성도 사유에 의해 발견된 것이다) 전개되어야 한다. 그리고 지성 내지 이성이 따라야 할 올바른 사유의 규칙으로 고대 그리스에서 점차 형성된 것이 바로 논리학이다. 주지하듯, 논리학의 기본규칙은 동일률 및 여기서 파생되는 모순율과 배중률이다. 동일률은 A=A, 모순율은 A≠~A로 정식화되며, 배중률은 '중간을 배제하는 규율'이란 뜻으로 'A=A인 동시에 A=~A일 수는 없음'을 내용으로 한다. 이제 파르메니데스는 바로 이런 논리학의 기본규칙에 근거해 생성과 소멸이란 개념들이 함축하는 의미를 논한다.

파르메니데스의 근본명제는 이런 것이다. "존재하는 것은 존재한다." 달리 표현하면, "존재하지 않는다는 것은 존재하지 않는다."(쿤츠만/부카르트/비트만, 2000: 33) 동일률의 타당성을 인정한다면, 이는 분명 올바른 명제이다. 그리고 모순율과 배중률을 끌어들인다면 이런 명제들도 성립한다. "존재하는 것은 존재하지 않는 것이 아니다." "존재하는 것이 동시에 존재하지 않는 것일 수는 없다." 존재와 비존재는 단적으로 반립한다. 여기서 이런 의문이 떠오른다. 존재하지 않는 것이란 대체 무엇을 뜻하는가? 그것은 있지 않다는 것, 단적인 '무'라는 것 외에 아무 뜻도 갖지 않는다. 비존재에 관해서는 어떤 규정이 불가능하다. 규정은 있는 것에 관해서만 가능하기 때문이다. 달리 말해, 우리는 없는 것에 관해 아무런 사유도 전개할 수가 없다. 있지도 않은 것에 관해 어떻게 논리적인 사유를 전개할 수 있겠는가?(파르메니데스, 2005: 281) 그렇기에 파르메니데스는 오로지 있음 내지 있는 것만을 사유의 대상으로 삼는다. "말해지고 사유되기 위한 것은 있어야만 한다. 왜냐하면 그것은 있을 수 있지만, 아무 것도 아닌 것은 그렇지 않으니까."(파르메니데스, 2005: 277-278)

파르메니데스의 이런 관점에 따르면 생성과 소멸이란 것도 있을 수 없다. 생성은 있지 않음에서 있음이 생겨남을 뜻하며, 소멸은 있음이 있지 않음으로 변하는 것을 말한다. 즉 생성과 소멸은 있지 않은 것, 즉 비존재를 전제로 한 개념이다. 하지만 앞서 보았듯 비존재란 없는 것이며 사유의 대상조차 될 수 없다. 그런데도 이를 사유의 대상으로 삼는다면, 이는 사유될 수 없는 것을 사유될 수 있는 것과 동일시한다는 점에서 논리적 규칙에 어긋나는 것이다. 논리적 법칙을 엄격히 따를 때, 생성과 소멸이란 개념은 성립되지 않는다(파르메니데스, 2005: 280-281). 이처럼 파르메니데스는 스스로 변화하는 세계, 무상한 세계라는 관념에 논리학의 규칙으로 맞서며, 이렇게 해서 그런 관념이 모순적이고 기만적임을 입증하려 한다. 그리고 이로부터 존재(있음)란 항구적이고 불변적인 것이라는 결론을 이끌어낸다. 그가 생각하는 존재의 징표는 이렇다. 존재는 "첫째, 생성된 것이 아니요, 둘째, 소멸되지 않으며, 셋째, 그 자체로 전체요 동질적이고, 넷째, 운동하지 않고, 다섯째, 종말이 없으며, 여섯째, 과거와 미래가 없고, 일곱째, 하나이며, 여덟째, 지속적"(회페, 2001: 43)이다.

첫째 징표와 둘째 징표의 근거에 관해서는 이미 설명되었다. 나머지 징표들은 대체로 이 두 가지 징표로부터 도출되는 것들이다. 생성·소멸을 겪지 않음은 변화하지 않음, 달리 말해 운동하지 않음, 항상적이고 지속적임을 뜻한다. 항상적·지속적인 것은 종말을 알지 못하며 시간에 따른 변화를 겪지 않기에 과거나 미래 같은 개념과도 결부될 수 없다. 이제 남는 징표는 셋째와 일곱째 것이다. 파르메니데스에게 존재란 동질적인 하나의 전체이다. 있음, 존재 혹은

> 실재는 불가분의 충만체이다. 충만한 것으로서 이 실재가 불가분인 이유는 있는 것과 있는 것 사이에 틈이 없기 때문이다. 있는 것은 있는 것에 다가가 있으며 닿아 있다. 어느 한 부분이 덜하고 다른 부분이 더하지 않으므로 어느 부분이 분할될 이유가 없다. 모든 점들에서 실재가 동일하게 있으며, 모든 부분에서 존재로 가득 차 있으므로 모든 점에서 동질적이고 따라서 특별히 어느 점에서 나뉠 수 없다(김남두, 2006: 54).

있는 것과 있는 것 사이에 틈이 있거나 덜함과 더함이 있다면 운동, 다시 말해 변화가 발생할 것이다. 그렇기에 있음의 세계에서 빈틈이나 덜함과 더함의 가능성은 부인되어야 마땅하다. 그리고 모든 있는 것이 이처럼 동질적이라면 이것들을 통틀어 하나로 보아도 무방하다. 이런 의미에서 존재는 하나 내지 하나의 전체이다(일원론).

하지만 이러한 존재 이해는 우리의 상식과 일치하지 않는다. 이에 대한 파르메니데스의 답변은 다음과 같다. 올바른 사유의 규칙인 논리학에 근거해 우리가 획득한 결론

은 참일 수밖에 없다. 따라서 이성적 사유에 근거해서 획득한 인식이 상식과 일치하지 않는다면, 그릇된 것은 상식이라는 결론이 도출된다. 그렇다면 이런 상식의 그릇됨은 어디서 연원하는가? 상식의 그릇됨은 다름 아닌 감각에서 비롯된다. 감각이 우리를 기만한다. 감각이 하나의 항상적 전체인 존재를 그릇되게도 변화무쌍한 다양으로 경험하게 만드는 것이다. 그런데 인간은 이성을 지니고 있기는 하지만 감각에서 해방되기 어려운 존재이기도 하다. 이런 맥락에서 파르메니데스는 인간을 가리켜 "머리가 둘인"(파르메니데스, 2005: 278) 자들이라 부른다. 흔히 인간은 이성적 사유에 감각적 경험을 마구 뒤섞어버리며, 그 결과 "그들에게는 있음과 있지 않음이 같은 것으로, 또 같지 않은 것으로 통용되어 왔다."(파르메니데스, 2005: 279) 그러나 우리가 철저히 이성적으로 사유한다면, 이런 관념은 배중률에 어긋나는 것이다. 그런데도 감각은 이런 관념이 타당하기라도 한 듯 우리를 속여 온 것이다. 감각은 모든 착오와 허위의 근원이다.

이렇게 파르메니데스는 이성과 감각을 엄격히 구분하며, 이성에 의해 획득된 인식과 감각을 매개로 한 경험 또한 단호히 분리한다. 이성에 의해 획득된 인식은 존재와 일치하며 따라서 진리이다. 반면 감각을 매개로 한 경험은 참된 있음과 일치하지 않으며 따라서 비진리이다. 감각을 매개로 한 경험, 비진리로서의 이 사태는 후일 독일인들의 개념으로는 'Schein'이며, 우리는 이 독일어 단어를 염두에 두고서 그것을 '가상'이라 부를 수 있다. 요컨대 파르메니데스는 진리와 가상의 구분을 존재 이해의 토대로 삼는다. 오늘날의 우리에게 익숙할 수도 있는 이 구분, 존재와 가상의 구분은 서양 철학사를 놓고 볼 때 파르메니데스에게서 처음 나타난 것이다. 이 구분은 응당 '획기적'이란 수식과 평가를 얻을 만하다. 그럴 것이 바로 이 구분이 파르메니데스 이후의 서양철학을 규정하기 때문이다.

달리 말해, 서양의 형이상학은 파르메니데스에게서 시작된다(회페, 2001: 41; 슐릭, 1992, 28). 형이상학은 서양어 'Metaphysik', 'metaphysics' 등의 번역어이다. 아리스토텔레스 철학과 관련해서 유래하는 이 말은 원래 '자연학physica의 뒤에meta 오는 학문'이란 뜻으로 후대인들이 이 철학자의 문헌들을 배열하는 과정에서 사용한 표현에 불과했다. 그러나 고대 후기에 이르러 이 표현은 자연(물리적 세계) 배후에 있는 것, 현상적 자연보다 더 근본적인 것을 밝혀내는 학문이란 뜻을 함축하게 되었다. 기나긴 세월 동안 서양 철학의 근본을 이루는 형이상학은 "가상에 대립하는 진정한 존재에 대한 학"(슐릭, 1992, 28)으로 군림한다. 진리와 그 인식의 가능조건으로서 불변의 고정된 무엇을 상정하고 그 외의 것들은 가상으로 평가하는 사고방식 - 들뢰즈Deleuze의 표현으로 '고정성의 형이상학' - 은 상당한 깊이를 지닌 문제의식에서 비롯된 것이었다. 그리고 파르메니데스는 이 문제를 다루는 과정에서 강력한 논증의 힘을 보여주었다. 그렇기에 파르메니데스 이후의 고대 사상가들은 이 사고방식과 어떻게든 대결할 수밖에 없었다. 이런 의미에서 "고대 그리스 철학은 (...) 파르메니데스 이전과 이후로 나뉜다고 해도 지나친 과장"이 아니다(김주일, 2012: 37).

3. 소피스테스

소피스테스Sophistes란 용어는 '지혜로운 자들'이란 뜻의 그리스 말에서 유래한다. 역사적으로 소피스테스란 기원전 5~4세기에 그리스 아테네를 중심으로 활동한 특정 경향의 지식인들을 가리킨다. 전시대의 그리스 사상가들이 주로 우주의 근원과 그 질서원리를 밝혀내려 했던 반면, 소피스테스들은 인간과 사회생활의 실제적 문제로 관심을 돌렸다. 즉 이들의 지적 관심은 주로 현실의 정치와 도덕, 법, 문화현상 등과 관련된 물음에 집중되었다. 당시 아테네에서 이런 지적 움직임이 활성화된 데는 역사적 배경이 있다. 이 시기 아테네에서는 귀족정이 무너지고 민주정이 들어섰으며, 이런 체제에서는 공개 연설로 대중을 설득하는 기술이 정치적으로 커다란 중요성을 갖게 되었다. 오늘날 소피스테스라 지칭되는 당시 지식인들은 아테네의 이런 시대 분위기에 부응하여 시민들에게 주로 설득술과 수사술, 논변술, 웅변술 등을 가르쳤던 사람들이다.

소피스테스들의 지적 관심은 이처럼 다분히 실천 지향적이었으며, 이들은 인간과 세계에 대한 근본적 탐구나 이론적 성찰에 별다른 관심이 없었다. 따라서 철학사의 관점에서 그 사상에 주목해 볼 만한 인물은 소수에 불과하다. 이 중 가상이란 주제와 관련해서 우리가 짚고 넘어갈 만한 인물은 기원전 5세기의 프로타고라스Protagoras와 기원전 5세기 후반의 사상가인 고르기아스Gorgias이다.

프로타고라스는 '인간 척도 명제'라는 것으로 잘 알려진 인물이다. 그 명제란 이런 것이다. "인간은 만물의 척도이다. 존재하는 것에 대해서는 존재하는 것, 존재하지 않는 것에 대해서는 존재하지 않는 것의 척도이다." 이 말은 절대적 진리란 없고 상대적 진리만 있으며, 객관적 진리는 없고, 주관적 진리, 즉 인간을 위한 진리만 있다는 뜻이다(슈퇴리히, 2008: 212). 프로타고라스는 인간의 감성적 지각 내지 감각이란 인식수단으로서 신뢰할 수 없다는 파르메니데스의 견해를 받아들인다. 하지만 그는 인간이 감성적 지각 없이 이성만으로 존재에 대한 궁극적 앎에 도달할 수 있다는 견해에는 동의하지 않는다. 프로타고라스에 의하면 인간은 감성적 지각없이는 세계에 대한 그 어떤 앎도 얻을 수 없다. 인간의 앎은 지각에 의한 경험세계에 국한되어 있다.

그런데 문제는 인간의 감각적 경험이 사람마다, 그가 처한 상황마다 다르다는 점에 있다. 예컨대 동일한 바람이나 빗방울이라도 어떤 사람에게는 차갑게 느껴질 수 있고 다른 사람에게는 따뜻하게 느껴질 수 있다. 그 바람이나 빗방울이 '객관적으로' 차가운지 따뜻한지를 결정할 기준은 없다. 인간이 만물의 척도라는 명제는 우리의 지각이 우리 앎의 척도가 된다는 뜻이다. 그런데 사람마다 상이한 기준을 갖고 동일 사태를 다르게 지각한다면, 누구의 기준이 옳고 그른지를 검증하기란 불가능하다. 그렇기 때문에 어떤 사태나 사물의 '참된' 본성, '참된' 있음을 알아내는 일은 가능하지 않다. 앎이란 개인마다 다르며, 따라서 진리란 주관적이고 상대적일 수밖에 없다.

프로타고라스의 관점에 따르면 참된 있음 및 그에 관한 앎과 참된 있음이 아닌 것 및 있음에 관한 거짓된 앎 사이의 경계는 지극히 유동적인 것이 된다. 존재와 가상, 진리와 가상의 경계가 사뭇 흐려지는 것이다. 물론 인간의 한계를 벗어난 관점이 가능하다면, 그 관점에서 객관적 사태가 파악될지도 모른다. 만약 그런 일이 가능하다면 인간의 모든 앎은 가상이라 불릴만할 것이다. 그러나 프로타고라스의 입장에 따르면, 인간의 인식 한계에서는 가상과 진리의 엄격한 구분이 가능하지 않다. 여기서 주의할 것은 프로타고라스가 진리와 가상의 구분 자체를 부정한 것은 아니라는 점이다. 다만 그는 어떤 사태와 관련해서 진리가 하나로 고정되어 있지 않다고 말하는 것이다. 더위에 지친 사람에게는 갑자기 몸에 닿는 빗방울이 '시원하다'가 진리이지만, 이 사람이 오랫동안 그 비를 맞는다면 점차 그 빗방울이 '차갑다'가 진리가 될 것이다. 요컨대 인간의 진리는 감성적 지각에 좌우되고, 이런 진리는 주관적이고 상대적이며, 따라서 가변적이고 제한적이기도 하다.

진리의 상대주의를 주장한 프로타고라스와 달리, 고르기아스는 진리의 존립 자체에 회의를 품는다. 그는 자신의 회의론을 다음과 같은 세 개의 명제로 표현한다. (1) 존재하는 것은 아무것도 없으며, (2) 무엇인가 존재한다 해도 인식될 수가 없고, (3) 무엇인가 인식될 수 있다고 해도 그런 인식은 전달될 수가 없다(슈퇴리히, 2008: 213).

고르기아스는 각각의 명제를 다음과 같이 논증한다. (1) 만약 어떤 것이 존재한다면 그것은 영원하거나 생성된 것이어야 할 것이다. 그럴 것이 만약 어떤 것이 존재한다면 그것은 영원한 것이거나 생성된 것이어야 하기 때문이다. 그런데 그것은 생성된 것일 수 없다. (파르메니데스가 말하듯) 생성이란 불가능한 것이기 때문이다. 그것은 영원한 것일 수도 없다. 만약 영원한 것이 있다면 그것은 무한해야 하는데 무한한 것이란 불가능하기 때문이다. 무한한 것이 불가능한 이유는 이렇다. 무한한 것은 그것은 다른 것 속에 있을 수도 없고 그 자신 속에 있을 수도 없으며, 따라서 어디서도 존재하지 않을 것이다. (2) 파르메니데스 식으로 존재와 앎(사유)을 동일시할 경우, 아는 것은 존재하며 존재하지 않는 것은 알려지지 않는다. 만약 이렇다면 오류가 들어설 여지가 없다. 이는 사실과 다르므로 앎이란 존재하지 않는다. (3) 우리의 말이란 상징이나 기호이며, 그것은 사물 자체와 동일하지 않다. 예컨대 어떤 색을 묘사하는 우리의 말은 소리이므로 색과 같지 않다. 그런데 사물 자체와 동일하지 않은 것으로 사물 자체에 관해 전달하는 것은 불가능하다(코플스톤, 1998: 137-138).

오늘날의 시각에서 볼 때, 이러한 논증에는 설득력이 약하고 때에 따라 기이하게 느껴지는 측면도 없지 않을 것이다. 하지만 고르기아스는 당시 강한 영향력을 지녔던 몇 가지 이론에 근거해서 객관적 진리의 가능성을 주장하는 논증의 맹점을 예리하게 지적했다고 볼 수 있다. 어쨌거나 중요한 것은 그가 객관적 진리의 존립을 부정했다는 점이다. 참된 있음 자체에 관해 우리는 어떤 앎도 얻을 수 없다. 사람들이 진리라 주장하는 것은 사실 모두가 가상에 불과하다.

여기서 한 가지 흥미로운 점은 이런 것이다. 고르기아스가 이런 주장을 펼친 것은 그 주장이 올바르다고 여겼기 때문이다. 즉 우리는 그가 최소한 자신의 주장만은 진리로 여긴 것이라고 보아야 한다. 여기서 발생하는 모순이 해소될 수 있는지 여부는 여기서 논하지 않기로 한다. 눈여겨보아야 할 점은, 적어도 인간의 앎과 관련해서 진리와 가상의 대립을 무효화하는 그의 입장 또한 사실은 그런 대립 구도에서 완전히 벗어나지 못한다는 점이다. 이는 진리의 존립 자체를 의심하고 부인하는 주장이 빠질 수밖에 없는 난제이다. 이런 난제에 관해서는 나중에 다시 논할 기회가 있을 것이다.

후일 고르기아스는 철학적 물음에 대한 관심을 잃고 수사학으로 전향하여 이를 완벽한 설득의 기술로 완성하는 데 힘을 쏟은 것으로 알려져 있다(코플스톤, 1998: 138). 일찌감치 진리란 부재한다는 결론을 내린 그는 실용적 목적을 위한 효과적 언어 사용에 지적 노력을 기울이기로 한 것이다. 그런데 바로 이 맥락에서 그는 '예술의 가상'이란 주제와 관련해 중요함이 적지 않은 진술을 남겼다. 단편적으로 전해지는 그의 저술 중 '토막글 23'이란 제목이 붙은 글에는 이런 말이 나온다.

> 비극은 전설과 감정이라는 수단에 의해, 속이는 사람이 속이지 않는 사람보다 더 정직하고 속임을 당하는 사람이 속임을 당하지 않는 사람보다 더 지혜로운 그런 속임수를 만들어낸다(타타르키비츠, 2005: 193 재인용).

여기서 '속임'이라 번역된 그리스 말은 환각, 망상 등을 뜻하기도 하는 '아파테apate'이다(타타르키비츠, 2005: 179). 독일어 단어 'Schein'을 염두에 둔 우리의 철학 개념으로는 '가상'인 셈이다. 그런데 비극의 성격을 규정하면서 굳이 '속임'이란 단어를 쓴 것을 보면, 이 글을 쓸 무렵에 고르기아스는 진리란 없고 모두가 가상이라는 자신의 인식론적 관점을 일단 접어둔 듯하다. 여기서는 진짜와 속임을 구태여 구별하는 가운데 비극의 본질을 속임으로 규정하고 있으니 말이다. 아무튼 속임은 비극의 필수조건이다. 그리스 비극 등의 문학이나 회화 등의 예술작품은 현실의 사태가 아니라 허구를 기반으로 하기 때문이다. 예술의 본질은 가상이다.

그런데 눈에 띄는 점은 이러한 속임, 이러한 가상이 역설적이게도 정직함과 동일시된다는 사실이다. 그 까닭은 비극 등의 가상이 속임을 당하는 사람에게 해를 끼치기는커녕 오히려 지혜를 얻도록 도와준다는 점에 있다. 물론 비극의 가상은 논리적 명제의 형태로 지혜를 전달하지는 않는다. 비극은 관객의 감정을 매개로 해서 지혜를 전한다. 「토막글 B11」이란 문헌에서 그가 주장하는 바에 따르면(타타르키비츠, 2005: 193), 비극은 관객에게 존재하지 않는 것도 존재하는 것인 양 믿게 만들 수 있으며, 관객으로 하여금 기쁨과 슬픔, 연민, 공포, 감탄 등의 감정을 품게 할 수도 있다. 그리고 이런 환각적 체험은 관객으로 하여금 인간의 삶과 운명에 관해 좀 더 깊은 이해를 갖게 한다(타타르키비츠, 2005: 178). 고르기아스는 비극의 이런 기능을 설사제의 효과에 비교하기도 했는데, 이는 아리스토텔레스의 유명한 '카타르시스' 개념을 연상케 하는 진술이다(코플스톤, 1998: 139).

비극에 관한 고르기아스의 이러한 언명은, 비극을 비롯

한 예술의 본질을 가상으로 규정하고 더 나아가 이 가상에 긍정적 의미를 부여한 최초의 진술이라는 점에서 중요한 의미를 갖는다(Dammjanovic, 1990: 190). 정직한 가상으로서의 예술이란 규정은 후일 18세기 미학자들에게서 빈번히 등장하게 될 관념이지만, 이 관념은 또 다른 고대 사상가인 아리스토텔레스에게서도 분명하게 확인된다. 하지만 우선은 '가상에 대립하는 진정한 존재의 학문'을 수립하는 데 일생을 바친 또 다른 고대 철학자의 생각을 간단히 알아보기로 하자. 서양 형이상학의 아버지라 불리는 이 위대한 철학자의 이름은 플라톤이다.

4. 플라톤

프로타고라스나 고르기아스 등의 소피스테스들은 인간에게 존재 자체에 관한 앎의 획득이 불가능하다고 보았다. 인간의 앎은 필연적으로 감각에 의존하며 이렇게 형성된 앎이 사회적 관습을 이루어 다시금 앎을 왜곡한다. 감각은 존재 자체에 관한 정보를 제공하지 않으며 주관의 상태와 처지에 따라 가변적이다. 즉 감각에 의한 앎은 부분적이며 주관적이다. 그리고 감각적 앎을 기반으로 한 사회적 관습은 시대와 지역에 따라 얼마든지 달라질 수 있다. 따라서 인간에게는 근본적으로 존재에 대한 객관적 앎의 획득이 불가능하다.

소피스테스들과 거의 동시대를 살았던 플라톤(BC 427 ~ BC 347)은 이런 견해를 철저히 거부한다. 그는 인간이 지성, 즉 사유 능력에 의해 '있음 자체'에 관한 앎을 획득할 수 있다고 주장한다. '있음 자체'는 항상적이다. 그것은 변화를 거부하고 고정된 것으로 머문다. 반면, 우리가 신체적 감각에 의해 파악하는 세계는 무상하다. 감각을 매개로 우리에게 나타난 모든 것은 생성소멸의 운동 속에 있다. 그러나 플라톤에 따르면 이런 변화 내지 운동은 불완전한 감각에 의해 굴절된 모습일 뿐이다. 만약 이런 왜곡된 모습에 집착한다면 우리는 '참된 있음' 내지 '있음 자체'를 끝내 알 수 없을 것이다.

쉽게 짐작할 수 있겠지만, 이러한 플라톤의 주장은 파르메니데스의 견해와 상당히 흡사하다. 아닌 게 아니라 플라톤은 존재의 항상성 및 감각에 근거한 의견(속견, 억견)의 비진리성이라는 선배 철학자의 견해를 수용한다. 그리고 인간의 지성만이 있음 자체에 관한 객관적 진리에 다다를 수 있다는 입장 또한 받아들인다. 다만 플라톤은 파르메니데스처럼 철저한 존재 일원론을 주장하지는 않는다. 즉 지성에 의해 포착된 불변의 무엇만이 실재할 뿐, 감각에 의해 포착된 가변적 세계에는 실재성이 전혀 없다는 파르메니데스의 견해에 플라톤은 거리를 둔다(슐릭, 1992, 29). 인간이 신체를 갖고서 오감에 의해 경험하는 세계가 완전한 허상은 아니라는 것이다. 이러한 경험세계는 - 다소 역설적으로 들리겠지만 - 참된 있음의 세계는 아니지만 그렇다고 아예 없는 것도 아니다. 이 역설에 관해서는 나중에 좀 더 다루기로 하고 일단은 플라톤이 위와 같은 견해를 설명하는데 동원한 한 가지 비유를 살펴보기로 하자. 플라톤의 저작 『국가』 제7권에 나오는 이 비유는 '동굴의 비유'란 제목으로 널리 알려져 있다.

> 지하의 동굴 모양을 한 거처에, 그러니까 빛을 향해 트인 입구가 하나뿐인 그런 거처에 사람들이 있다고 상상해 보게. 이 사람들은 어릴 적부터 사지와 목을 결박당해 그 장소를 떠날 수 없고 머리를 돌릴 수도 없어서 앞만 바라보고 있다네. 이들의 뒤편 멀리, 약간 위쪽에서 불빛이 타오르고 있네. 이 불과 죄수들 사이에 가로로 길이 나 있고, 이 길을 따라 담장이 세워져 있다고 상상해 보게. 이 길을 따라 사람들이 걸어가면서 담장 위로 갖가지 토기를 들어 올려 움직이네. (...) [결박당한 사람들은 - 필자] 우리와 똑같은 사람들일세. 그럴 것이, 우선 뒤편의 불빛 때문에 자기들 맞은편 동굴 벽에 비치는 그림자들 말고 이 사람들이 자기 자신이나 서로의 무엇인가를 본 일이 있을 것으로 생각하나? 그리고 뒤편에서 움직이고 있는 것들에 대해서는 어떻게 생각하나? 그 역시 마찬가지 아니겠는가? 만일 이들이 서로 대화를 할 수 있다면, 이들은 자기들 눈에 보이고 화제로 삼고 있는 것들이 뒤편에서 지나가는 실물들과 똑같을 것이

라고 믿지 않겠나? (...) 이제 이런 상상을 해보게. 이들 중 누군가가 갑자기 풀려나서 일어나 목을 돌리고 걸어가서 불빛을 보도록 강요당하게 된다고 말일세. 그는 이 모든 것이 고통스러울 것이고 또 예전에 그림자만 보았던 실물들은 불빛에 눈이 부셔 볼 수도 없을 걸세. 만약 누군가 이 사람에게, 전에는 엉터리를 보았으며 이제야 존재자에, 즉 한결 더 높은 단계의 존재인 사물에 가까이 있게 된 것이며 따라서 더 참된 것을 보고 있는 것이라 장담한다면, 그가 뭐라 할 것 같나? (...) 눈이 아픈 그는 자신이 바라볼 수 있는 것들로 달아날 것이며, 이것들이야말로 방금 보도록 강요당했던 것보다 참으로 더 현실적인 것이라 믿지 않겠는가?(슈퇴리히, 2008: 237-238 재인용)

이 글에서 플라톤이 말하려는 것은 인간의 삶과 인식의 본질에 관한 깨달음이다. 그 깨달음에 따르면, 인간의 일상적 삶은 동굴 내지 지하 감옥의 생활에 비견될 만하다. 포박됨은 감각이란 제한된 능력에만 의존하는 상태를 가리킨다. 그리고 이런 감각에 의해 파악된 세상이란 한갓 그림자에 불과하다. 참된 있음의 세계는 동굴 안의 불빛을 바라볼 때, 궁극적으로는 그 동굴 밖으로 나와 빛 아래의 사물들을 바라볼 때만 획득된다. 이때 동굴 밖으로 나가는 것은 지성의 노력을 뜻한다. 플라톤은 지성의 노력을 통해 파악되는 '참된 있음', 달리 말해 지성적 인식의 대상을 이데아idea라 부른다. 이 말은 '본다'란 뜻의 그리스어 '이데인idein'에서 유래한 것으로 원래 '보임새', 즉 외양이나 모습을 의미한다(김영균, 2012: 46). 하지만 이 보임새를 포착할 수 있는 것은 신체의 눈이 아니라 지성적 직관이다. 플라톤이 말하는 직관이란 지성의 활동을 가리키며, 이데아는 오직 이 활동에 의해서만 파악된다.

이데아는 간단히 말하면 '참으로 있는 것'이다. 참으로 있다는 것은 우리의 주관적 인식과 무관하게 객관적으로 존재하는 것을 가리킨다. 파르메니데스의 말대로 이런 실재는 결코 변하지 않으며 항상적이다. 계속해서 모습을 바꾼다면 참으로 있다고 말할 수 없기 때문이다. 항상적이고 고정된 이데아만이 본래적 현실성을 갖는다. 그렇다면 감각에 의존하고 지성은 제대로 사용하지 못할 때 우리에게 드러나는 세계에는 현실성, 실재성이 전혀 없는가? 플라톤에 따르면, 우리가 일상에서 마주치는 사물들은 모두 이데아와 일정한 연관을 맺고 있다. 이런 모든 사물들에는 그와 연관된 이데아가 있다. 예컨대 우리 생활에서 발견되는 모든 삼각형은 그 어느 것도 똑같지 않지만, 이들은 단 하나의 원형, 즉 삼각형의 이데아와 닮아 있다. 그런 닮음 때문에 그 모든 것이 삼각형으로 인식되는 것이기도 하다. 적어도 플라톤의 설명으로는 그렇다.

삼각형 뿐 아니라 생성·소멸하는 이 세상의 모든 것이 불변의 이데아를 전제한다. 나무와 꽃, 하늘의 별처럼 눈에 보이는 것 뿐 아니라 선함이나 정의로움, 아름다움 등과 같은 윤리적·미적 관념에도 각각의 이데아가 있다. 우리의 감각에 드러나는 세계, 플라톤의 말로 '현상phainomenona'의 모든 것은 각각의 이데아와 다른 것이지만 그렇다고 이데아와 무관한 것도 아니다. 플라톤의 표현을 빌면 현상세계의 사물들은 이데아를 일정 부분 나눠 갖고 있다. 또 현상세계의 사물은 이데아를 '모방mimesis'한 것이라는 표현이 나오는가 하면, 개개 사물에는 이데아가 '관여methexis'한다는 표현도 등장한다. 어쨌든 현상세계의 사물은 이데아와 칼로 자르듯 나뉜 것이 아니다. 이렇게 본다면, 우리가 감각에 의해 파악하는 세계는 파르메니데스적 의미의 '가상'과 동일시될 수 있는 것이 아니다. 현상세계의 사물들은 실재성이 전혀 없다기보다는 실재성이 덜한 혹은 약한 무엇이다. 플라톤은 앞서 논한 역설을 이런 식으로 해소하려 한다.

『국가』에는 동굴의 비유 외에 이른바 '선분의 비유'란 것도 나온다. 이 비유에서 선분은 정신의 발전 단계를 가르는 일종의 경계선을 뜻한다. 플라톤은 크게 보면 두 단계, 작게 보면 네 단계로 나뉘는 정신의 단계를 제시하며, 각각의 단계에서는 주관의 상태와 그에 상응하는 대상영역이 짝을 이루고 있다.

주관이 전개하는 정신 활동의 가장 낮은 단계는 상상이다. 이 단계의 정신은 최소 정도의 실재와 마주한다. 이 단계의 정신활동은 직접적 감각활동을 뜻한다. 이런 감각활동은 영상이나 모상에 주목하는데, 이는 "그림자"나 "물에 비친 상" 혹은 "조밀하며 매끄럽고 광택이 나는 것들의 표면에 이루어진 상들"과 같은 것을 말한다(플라톤, 1997: 440). 영상이나 모상에 대한 이런 정의는 독일어 단어 'Schein'이 지니는 의미 층위들과 분명하게 연결된다. 이처럼 직접 눈에 띄거나 반짝이는 피상적 현상은 참된 것이라 할 수 없다. 상상 단계의 정신활동은 지극히 피상적인 현상에 매몰되어 있으며 가장 저급한 단계의 지식을 산출한다.

믿음 단계의 주관은 좀 더 집중적인 감각활동을 전개한다. 즉 주관은 감각적 관찰을 통해 주변 사물들에서 공통점이나 차이점을 추출하기도 하고, 어떤 사물의 관찰에서 반복적으로 나타나는 현상을 그 사물의 성질이라 규정하기도 한다(플라톤, 1997: 509d-510a). 예를 들어 주관은 멀리 보이는 바닷물의 색깔이 늘 파랗기에 바닷물은 파랗다는 믿음을 품을 수 있다. 하지만 이 단계의 지식은 관찰에 기초하기는 해도 여전히 의견(속견, 억견)의 단계에 머물러 있다. 바닷물을 좀 더 가까이서 관찰한다면 전혀 파랗지 않으며, 애초의 파란색은 감각의 불완전성에서 비롯된 것이다. 믿음에 의해 포착된 사물들은 영상이나 모상보다는 더 많은 실재성을 지니지만 참으로 있는 것과는 아직 거리가 멀다.

주관은 단순한 감각경험이나 그에 근거한 믿음에서 벗어나 지성을 사용하는 단계로 나아갈 수도 있다. 이럴 때 주관은 눈으로 볼 수 있는 세계(가시계), 즉 감각에 나타난

세계(현상계)로부터 지성에 의해 알 수 있는 세계(가지계), 즉 참으로 있는 것들의 세계(본체계)로 이행한다. 하지만 지성의 활동이 처음부터 참으로 있는 것들인 이데아를 파악하게 되는 것은 아니다. 우선 지성은 감각자료들에 매몰되지 않고 이를 근거로 추상의 작업을 전개할 수 있다. 플라톤이 이런 사유 활동의 예로 드는 것은 수학이다(플라톤, 1997: 510c-510d). 수학을 탐구하는 사람은 현상의 삼각형을 보면서 이 도형의 본질에 다다르려 한다. 그는 가시적 삼각형을 단서로 어떤 가지적 삼각형, 즉 보편적 삼각형을 추상한다. 그리고 이 보편적 삼각형이 지닌 본질적 속성들을 추론해낸다. 이런 지성적 추론에 의해 예컨대 직각삼각형이나 예각삼각형 혹은 정삼각형이 지닌 본질적 속성이 파악된다. 일례로 정삼각형은 그 크기와 무관하게 동일한 크기의 세 각을 갖는다. 하지만 이 단계의 지성은 가시계에서 가지계로 이행하고 있을 뿐 아직 가시계의 완전히 벗어났다고는 할 수 없다. 즉 이 단계의 지성은 아직 현상계의 자료들에 상당 부분 의존한다. 더 나아가 이 단계의 지식들은 아직 부분적이며 이런 부분적 지식들의 전체적 연관까지 조망할 수 있는 것은 아니다.

지성은 이 단계의 지식에 머물지 않고 더 나아갈 수 있다. 지성은 추론을 통해 획득된 앎을 이용하면서도 감각자료들과는 전혀 무관한 사유를 전개할 수 있다. 이때 지성은 "변증술적 논변의 힘"(플라톤, 1997: 511b)을 이용한다.

변증술이란 최고 수준의 앎에 이를 때까지 쉼 없이 가동되는 정신의 힘을 말한다. 여기서 변증술이란 말은 일단 소크라테스의 대화법과 연관시켜 이해해 보기로 하자. 어차피 구미어의 변증술 내지 변증법이란 말(Dialektik이나 dialectic 등)은 대화란 말(Dialog나 dialogue 등)과 연관이 깊다. 플라톤의 대화편에서는 소크라테스가 어떤 인물과 대화를 나누는 장면이 매번 등장한다. 이때 소크라테스는 기나긴 대화를 통해 상대방의 기존견해를 교정해나가고 마침내 그를 참된 앎으로 이끈다. 그런데 이런 대화가 우리 머릿속에서 전개되고 있다고 생각해보자. 이는 궁극적 앎에 이를 때까지 궁리를 멈추지 않고(즉 자기 자신과의 논쟁을 멈추지 않고) 자신의 기존 견해를 회의하고 재검토해나가는 과정이라 할 수 있다. 이런 것이 변증술이다. 어떤 주관 내에서 일어나는 소크라테스적 대화 - 이것이 바로 변증술이라는 정신의 힘 혹은 사유의 원리이다.

변증술에 의해 지성이 다다르려는 것은 참된 있음으로서의 이데아이다. 이 단계에서 주관은 절대적인 진리에 도달한다. 이 진리는 있음 자체를 파악한다는 점에서 객관적일 뿐더러 모든 부분들의 관계도 이해하고 있다는 점에서 총체적이기도 하다. 플라톤은 지금까지의 설명을 다음과 같이 요약한다.

이런 네 가지의 [지적인] 상태들이 혼에 생기는 것으로 이해해

주게나. 맨 윗 것에 대해서는 '지성에 의한 앎'(이해, 직관, 사유)을, 둘째 것에 대해서는 추론적 사고를, 셋째 것에 대해서는 믿음(확신)을, 그리고 마지막 것에 대해서는 상상(짐작)을 배당하게나. 또한 이것들을, 그 대상들이 진리에 관여할 수 있는 만큼, 그만큼씩 명확성에 관여하는 것으로 생각하고서, 이에 비례하여 배열하게나(플라톤, 1997: 511d-511e)

플라톤의 이러한 생각을 도표로 정리하면 〈표 1〉과 같다(플라톤, 1997: 441, 역주 88). 〈표 1〉에서 평행으로 그어진 3개의 '═'를 플라톤이 말한 선분이라 이해하면 된다.

	대상	주관의 상태	
지성에 의해 알 수 있는 것들 (가지계 = 본체계)	이데아	지성에 의한 앎	앎
	수학적인 것	추론적 사유	
가시적인 것들 = 감각대상들 (가시계 = 현상계)	사물 (동식물 및 일체 인공물)[1]	믿음	의견, 판단
	상(영상, 모상), 그림자	상상	

〈표 1〉

1) 일체 인공물에는 선하거나 정의로운 인간의 행동 같은 것도 포함된다. 아름다운 것도 여기 포함될 수 있다. 이때 아름다운 것은 동식물이나 어떤 인공적인 것일 수 있다. 하지만 플라톤이 폄하하는 회화나 문학은 여기 포함되지 않는다는 점을 기억하자. 아래서 다시 언급하겠지만, 그가 폄하하는 회화나 문학 등의 예술은 맨 아래 단계에 속한다.

파르메니데스에게 감각적 경험의 세계는 단적으로 가상, 즉 허위에 불과한 반면, 플라톤에게 그 세계는 실재성을 완전히 결여하고 있지는 않다. 선분의 비유에 따르면, 믿음이나 상상도 일말의 진리를 지니며, 같은 말이지만 사물과 영상 혹은 모상도 미소하나마 존재를 함유한다. 이렇게 해서 파르메니데스의 일원론은 수정된다. 영상이나 모상에서 사물 및 수학적인 것을 거쳐 이데아의 이르기까지 주관(플라톤의 말로는 '혼')의 대상은 실재성에서 정도의 차이를 지닐 뿐이다.

하지만 이런 설명에는 아무런 문제점이 없는 것일까? 사실 실재성의 정도에서 차이를 갖는다는 것은 가상성의 정도에서 차이를 갖는다는 뜻이기도 하다. 상상은 진리성을 전혀 갖지 못한 가상에 가깝고, 믿음 또한 약한 진리성을 갖는다. 그리고 플라톤이 주장하듯, 오로지 이데아만이 참된 있음이고 그에 관한 지성의 앎만이 완전한 앎이라면, 추론적 사유 역시 가상이란 성격을 완전히 탈각하지는 못한다. 엄격한 기준을 들이댄다면 이런 사유 또한 가상인 것이다. 플라톤이 객관적 존재를 전제하고 그에 관한 객관적 앎이 가능하다고 보는 한, 그렇지 않은 모든 것은 가상이란 지위를 완전히 떨쳐낼 수 없다.

요컨대 플라톤의 존재론과 인식론은 인식 대상들 사이의, 그리고 주관 상태들 사이의 어떤 연속성을 주장하는 것 같지만, 다른 한편으로 이들 사이의 단절을 분명히 전제하기도 한다. 플라톤은 연속과 단절 사이에서 어느 한쪽을 선택하지 못한다. 사실 진리/존재와 가상을 대비시키는 사유구도에서 이 둘 사이의 관계를 엄밀히 규정짓기란 용이한 일이 아니다. 『소피스테스』에서 플라톤은 진리/존재와 가상 사이의 관계규정이 난해한 과제임을 자인하면서 그 해결을 위한 논증을 펼쳐 보이지만(플라톤, 2000: 237e 이하), 그가 깔끔한 답변을 내놓았다고 판정하기는 어렵다. 그렇기에 참된 있음(존재)과 그에 대한 참된 앎(진리)을 그것이 아닌 것들(가상)과 명확히 구분하려는 사유의 시도는 플라톤에게서 종결되지 않는다. 진리/존재 대 가상이란 문제는 2천 년 이상 전개된 서양 형이상학의 역사에서 근본물음을 이룬다. 그런데 오늘날의 시각에서 보면, 파르메니데스 이래 이 근본물음의 답을 찾으려는 "시도는 철학사에서 (...) 보듯이 모두 실패하였다"(슐릭, 1992: 30). 슐릭의 말처럼 서양 형이상학의 역사는 이 근본물음의 답을 끝내 구하지 못했다는 점에서 실패로 점철된 것일지도 모른다. 하지만 그 궁극적 답변이 단적으로 제시되지 않았기에 사유의 노력은 중단되지 않았고, 이 노력이 인간 사유에 풍요함을 더해 온 것도 사실이다.

플라톤의 형이상학에 관한 설명은 이 정도에서 그치고, 이제는 예술에 관한 그의 견해를 알아보기로 하자. 예술에 관한 플라톤의 가장 유명한 언급은 『국가』 제10권에서 발견된다. 여기서 그는 신이 만든 것(이데아)과 인간이 만든 것 등의 사물 그리고 사물을 예술적 기교에 의해 모방한 것을 구분하고는 이 세 가지의 존재론적 위상을 결정짓는다. 플라톤이 구체적으로 제시하는 예는 침상이다.

> 그러니까 이들 세 가지의 침상이 있게 되었네, 그 하나는 그 본질(본성)에 있어서 침상인 것으로서, 이는 내가 생각하기로는 신이 만드는 것이라고 우리가 말할 그런 것일세. (...) 다른 하나는 목수가 만드는 것일세. (...) 또 다른 하나는 화가가 만드는 것이네. (...) 그래서 화가, 침상 제작자, 신, 이들 셋이 세 종류의 침상을 관할하는 자일세. (...) 신은 자신이 원했건 또는 자신으로서도 본질적 침상을 하나 이상은 만들 수 없는 어떤 필연성 때문이었건 간에, 저 '침상인 것 자체'를 하나만 만들었다네(플라톤, 1997: 597b-597c).

소크라테스와 대화 상대방인 글라우콘은 대화를 나누면서 목수에게는 "제작자"란 명칭이 타당하지만, 화가는 제작자가 아니라 단순히 "모방자"라는 결론에 도달한다(플라톤, 1997: 617). 그리고 소크라테스는 화가 뿐 아니라 비극 작가 등도 모방자라 정의할 수 있다고 덧붙인다. 목수의 침상처럼 현상계의 사물은 이데아, 즉 "진실(진리)의 모방"인 반면, 화가나 비극작가 같은 모방자들의 산물은 "보이는 것(현상)"의 모방일 뿐이며, 따라서 이것들은 참으로 있는 것에서 아주 멀리 떨어져 있다(플라톤, 1997: 618).

플라톤의 존재론적 구상에서 예술은 이 정도의 위치 밖에 차지하지 못한다. 그것은 이데아에서 한참 떨어져 있으며, 그렇기에 존재성을 거의 갖지 못하는 종류의 것이다. 그렇다면 플라톤의 인식론적 틀 내에서 예술이 어떤 평가를 얻을지도 명백하다. 화가나 비극작가가 산출하는 것은 영상 내지 모상이며, 따라서 앎의 진전에 기여하는 바가 거의 없다. 예를 들어 비극은 전승된 신화에 근거하는 바, 이 신화란 허황되기 그지없는 이야기로 우주만물을 설명하여 참된 앎을 방해한다.

그처럼 플라톤에게 그림이나 비극 등의 예술은 비진리이다. 예술은 그 현란한 '빛'으로 감각을 현혹하며 '그럴 듯한' 모습을 연출하지만 결코 '참이 아닌' 무엇이다. 그것은 가상이다. 플라톤에게서 예술의 본질은 단호히 가상으로 규정된다. 플라톤의 시대에 널리 통용되었던 경구로 표현하면 '시인은 거짓말을 한다.' 고르기아스는 시인의 거짓말이 지혜를 전달할 수도 있다는 역설을 표명했지만, 플라톤은 이 역설을 물리친다. 시인의 거짓말은 그저 거짓말일 뿐이다. 이러한 플라톤의 주장은 예술의 본질을 비진리란 의미의 가상으로 규정하는 서양 전통의 출발점을 이룬다. 물론 고르기아스의 예가 보여주듯, 예술을 가상으로 규정한 것은 플라톤이 최초는 아니다. 그렇지만 존재/진리와 가상의 문제를 체계적 학문의 차원에서 논했다는 점에서 서양 형이상학의 실질적 출발점을 파르메니데스가 아닌 플라톤에 놓듯, 예술의 본질을 가상으로 규정하는 체계적 사유의 역사 또한 플라톤에게서 시작된다고 볼 수 있다. 단편적 서술만을 남긴 고르기아스와 달리, 플라톤은 예술의 가상 성격을 존재론과 인식론의 거대한 틀 내에서 논한 최초의 사상가이기 때문이다.

마지막으로 한 가지 짚고 넘어갈 점이 있다. 미에 대한 플라톤의 생각은 예술에 대한 그의 생각처럼 부정적이지 않았다는 점이 그것이다. 오늘날 우리는 예술이란 개념과 아름다움이란 개념을 연결시키는 데 아무런 저항감을 느끼지 않는다. 우리는 '예술'하면 곧바로 아름다운 것을 떠올린다. 하지만 예술과 미를 이처럼 직결시키는 사고방식의 역사는 생각만큼 길지 않다. 그 역사는 대략 15~16세기의 르네상스 이후에야 서서히 시작된다. 플라톤의 시대에는 회화 기술이나 비극 창작기술, 물품 제작기술 및 학문능력 등을 한 가지 단어로 총괄했다. 그 단어는 '테크네techne'이다. 물론 테크네라 해서 다 같은 것은 아니며 거기에는 우열이 있었다. 가장 높은 수준의 테크네는 학문능력이었다. 앞서 보았듯, 플라톤은 비극 창작이나 회화 제작의 기술을 '모방술'이라 하여 가장 하찮게 평가했다.[2)]

플라톤에게서 미란 개념은 테크네인 모방술과 별로

---

2) 이런 의미의 테크네가 로마시대에는 '아르스ars'란 말로 바뀐다. 테크네는 오늘날 기술을 뜻하는 구미어의 어원을 이루고, 아르스는 영어 'art' 등의 어원이 된다.

관계가 없다. 테크네로서의 모방술과 달리, 미는 진리나 선함 같은 말과 동렬에 오르는 개념이다. 플라톤에게서 진·선·미의 세 개념은 서로 구분되면서도 긴밀한 연관 속에 있는 것으로 규정된다. 영구한 형상(이데아)에 따라 구축되고 불변의 법칙에 의해 지배되는 우주 질서는 그 자체로 참되다. 즉 그런 질서가 바로 '참된 있음'이며 진리다. 이성이 이러한 사태를 제대로 이해한다면, 그런 이해 또한 진리라 불릴 수 있다. 그리고 객관적인 우주에는 질서와 비례와 균제가 발견되는 바, 이것이 바로 미의 중요한 속성이다(플라톤, 2004: 244; 타타르키비츠, 2005: 227). 선은 주로 인간의 행동과 결부되는 개념이다. 만약 인간이 우주의 질서에 상응해서 행동한다면 그 행동은 선하지만, 그렇지 못할 경우 그 행동은 악하다. 달리 말해, 우주의 질서는 그 자체로 선하며 인간의 행위도 그 질서에 부응해야만 한다. 이 대목에서 덧붙일 사실이 하나 있다. 진·선·미란 '참된 있음'이 지닌 세 가지 측면이다. 그리고 참된 있음의 이 세 측면은 서로 충돌하지 않고 조화를 이루어야 한다. 그런데 앞서 조화는 미의 속성이라고 말했다. 그렇다면 진·선·미가 조화롭게 어우러진 상태도 경우에 따라 미로 정의될 수 있을 것이다. 실제로 플라톤은 이런 식으로 미를 규정하기도 한다.

플라톤의 맥락에서는 당연한 얘기지만, 미의 참된 모습, 즉 미의 이데아는 육안에 포착되지 않는다. 모든 이데아가 그렇듯, 그것은 지성의 노력이 있을 때만 인간에게 직관된다. 요컨대 미의 이데아는 지적 직관의 대상일 뿐이다.

> '아름다움 자체'에 다가가서 그걸 '그 자체로서' 볼 수 있는 사람들은 그러니 적지 않겠는가? (...) 그러면 아름다운 사물들은 믿으면서 아름다움 자체는 믿지도 않고, 누군가가 그것의 인식(앎)에 이르도록 그를 인도할지라도, 따라갈 수도 없는 사람이 자네에겐 꿈꾸는 상태로 살고 있는 것으로 생각되는가, 아니면 깨어 있는 상태로 살고 있는 것으로 생각되는가? 생각해 보게. 그러니까 꿈을 꾸고 있다는 건 바로 이런 게 아니겠는가? 가령 어떤 사람이 잠들어 있거나 깨어 있거나 간에 어떤 것과 닮은 것을 '닮은 것'이라 생각하지 않고, 이게 닮아 보이는 바로 그것이라고 생각하는 경우 말일세. (...) 이와는 반대로 '아름다운 것 자체'를 믿을 뿐만 아니라, 이것과 이것에 '관여하고 있는 것들'을 알아볼 수 있는, 그래서 '관여하고 있는 것들'을 '그것 자체'로 생각하거나 또는 '그것 자체'를 '관여하고 있는 것들'로 생각하는 일도 없는 사람이, 이런 사람이 자네에겐 '깬 상태로' 살고 있는 것으로 생각되는가, 아니면 이 사람 역시 '꿈을 꾸는 상태로' 살고 있는 것으로 생각되는가? (...) 이 사람의 사고는 알고 있는 자의 것으로서 우리가 이를 인식(지식, 앎)이라 함이 옳겠으나, 앞엣 사람의 사고는 의견을 갖는 자의 것으로서 [우리가 이를] 의견(...)이라 함이 옳지 않겠는가?(플라톤, 1997: 476b-476d)

참으로 있는 것이 모두 그렇듯, 참된 미는 이데아뿐이며, 이는 순수한 지성에 의해 파악된다. 그렇다면 우리가 현상세계에서 아름답다고 부르는 것은 모두 가짜인가? 답은 진리의 경우와 마찬가지다. 엄격한 기준을 들이댄다면 현상세계의 모든 것은 가짜다. 하지만 앞에서도 말했듯, 이처럼 기준을 엄격히 적용하면 이데아의 세계와 현상의 세계에 단절을 가져온다. 두 세계는 전적으로 무관한 무엇이 되어버린다. 이 난제를 피하려면 두 세계 사이에 일정한 연속성을 부여해야 한다. 그렇기에 플라톤은 '관여'나 '모방' 같은 개념을 끌어들인다. 비록 정도는 미약할지라도 현상세계의 모든 것은 이데아와 닮은 무엇을 지니고 있다. 사실 이런 논리가 성립해야만 이데아를 사유하는 것이 의미를 갖는다. 플라톤의 말대로 세상 모든 사물에 그 원형이 있다면, 세상에 없는 것에는 이데아도 없다는 결론에 이르기 때문이다. 요컨대 미의 이데아를 사유할 수 있으려면 그와 비슷한 무엇이 반드시 현상계에 있어야 한다.

그렇다면 현상계의 사물들 중에서 미의 원형을 불완전하고 우연하게나마 반영하는 것, 달리 말해 미의 이데아를 추정케 하는 것들로는 무엇이 있을까? 플라톤이 우주의 질서나 비례, 균제 등을 미의 이데아와 긴밀히 연결시키고 있으니만큼, 현상계의 사물 중 미의 그러한 속성을 감지케 하는 것들은 모두가 미의 이데아와 연관이 있다고 볼 수 있을 것이다. 자연세계의 여러 현상이나 사물, 예컨대 동식물은 분명 질서나 비례, 균제를 보여주며, 따라서 아름다운 것이기도 하다. 인공물 중에도 그런 속성을 지닌 것은 없지 않을 것이며, 인간의 신체 또한 조화와 비례를 지니고 있다. 그런데 인간은 현상의 아름다운 것에 만족하며 머물 수도 있지만 이를 단서로 미의 이데아를 향한 여정을 시작할 수도 있을 것이다. 선분의 비유에서 제시된 상승의 계단을 오르면서 말이다. 실제로 플라톤은 몇 가지 저작에서 영혼, 즉 인간의 정신이 현상의 미에서 출발해 미 자체에 이르기까지의 과정을 묘사하기도 했다. 『향연』에도 그런 과정이 서술되고 있다. 그것은 사랑의 대상에서 느끼는 미에 관한 이야기이다.

> 이 일을 향해 올바르게 가려는 자는 젊을 때 아름다운 몸들을 향해 가는 것으로 시작해야 합니다. 그래서 처음에는 이끄는 자가 올바로 이끌 경우 그는 하나의 몸을 사랑하고 그것 안에 아름다운 이야기들을 낳아야 합니다. 그 다음에 그는 어느 한 몸에 속한 아름다움이 다른 몸에 속한 아름다움과 형제지간임을 깨달아야 하며, 종적(種的)인 아름다움을 추구해야 한다고 할 때, 모든 몸들에 속한 아름다움이 하나요 같은 것이라고 생각하지 않는 것이 아주 어리석은 일임을 깨달아야 합니다. (...) 그 다음에 그는 몸에 있는 아름다움보다 영혼들에 있는 아름다움이 더 귀중하다고 여겨야 합니다. (...) 그렇게 하면 이번에는 그가 행실들과 법들에 있는 아름다움을 바라보도록, 그리고 그

> 것 자체가 온통 그것 자체와 동류라는 것을 보도록 강제될 것이고, 그럼으로써 몸에 관련된 아름다움이 사소한 어떤 것이라고 여기게 될 것입니다. 이끄는 자는 그를 행실들 다음으로 앎들로 이끌어야 합니다. 그렇게 하면 그가 이번에는 앎들의 아름다움을 볼 수 있게 되고 (...) 하나에게 있는 아름다움에 노예 노릇을 하면서 보잘것없고 하찮은 자가 되지 않습니다. 오히려 아름다움의 큰 바다로 향하게 되고 그것을 관조함으로써, 아낌없이 지혜를 사랑하는 가운데 많은 아름답고 웅장한 이야기들과 사유들을 산출하게 됩니다. 그리하여 결국 (...) 어떤 단일한 앎을, 즉 (...) 아름다움에 대한 것으로서의 앎을 직관하게 됩니다(플라톤, 2011: 210a-210d).

우리는 사랑하는 대상에 이끌린다. 플라톤은 이런 애호의 대상을 아름다운 것이라 말한다. 애호의 대상은 어떤 사물의 외양인 경우가 가장 많다. 이런 외양은 가장 저급한 단계의 미를 지닌다. 그런데 우리는 감각적 관찰을 통해 아름다운 외양을 지닌 사물의 공통점을 발견해낼 수 있다. 이럴 때 정신은 단순한 애호에서 벗어나 앎을 향해 한 걸음 나아가게 된다. 그리고 정신이 물질적 대상에 집착하지 않고 지성을 통해 한 단계 더 상승한다면 현상계 너머의 미를 발견하게 될 것이다. 이때 정신에게 처음 나타나는 미는 영혼의 미이다. 그리고 정신이 그 단계마저 넘어서게 된다면 미의 이데아에 다다르게 될 것이다.

플라톤에게 회화나 비극 등의 예술은 가장 낮은 단계의 미에 간신히 속하는 것이거나 미와 전혀 무관한 무엇이다. 이 중 어느 쪽이 플라톤의 궁극적 견해인지는 아주 분명하지 않다. 확실한 것은 플라톤에게서 예술이 이데아로서의 미와 지극히 먼 거리 있다는 사실이다. 그렇기에 그의 사유 체계에서 미의 이론과 예술의 이론이 교집합을 이루는 부분은 미미하다. 플라톤의 사유에서 지대한 영향을 받는 서양 철학의 역사에서 이 두 이론 영역의 분리는 아주 오랫동안 유지된다. 이 분리된 영역 사이의 연결이 시도되는 것은, 아름다움과 예술이 결합되기 시작한 르네상스 이후이다. 18세기 미학에서는 '예술은 가상이다'라는 명제와 '예술은 아름답다'라는 명제가 어렵지 않게 결합한다. 이점은 나중에 확인할 수 있을 것이다.

5. 아리스토텔레스

플라톤과 마찬가지로 아리스토텔레스(BC 384 - BC 322)는 생성·소멸하는 사물들과 구별되는 원형의 존재를 인정한다. 하지만 아리스토텔레스의 사유에서는 그 불변의 원형과 개별 사물들 사이의 거리가 훨씬 더 좁아진다. 플라톤은 원형과 현상세계의 분리를 강변하면서도 - 파르메니데스와 달리 - 후자의 철저한 부정을 최종결론으로 내놓으려 하지는 않는다. 그렇기에 플라톤은 이데아가 자신과 분리된 현상세계의 사물들에 어떻게든 '관여'한다는 주장을 조심스레 펼친다. 하지만 앞서 보았듯, 이 관여가 무엇을 뜻하는지는 아주 분명치 않다. 이제 아리스토텔레스는 이데아가 현상세계 외부에 있지 않고 이 세계 개별사물들 안에 이미 들어와 있다는 생각을 내놓아 플라톤이 남긴 난제를 해결하려 한다.

이에 관한 아리스토텔레스의 생각이 가장 분명하게 드러난 저작은 『형이상학』이다. 아리스토텔레스는 형이상학을 '있음의 의미'를 규명하는 학문이라 정의하며(아리스토텔레스, 2012: 1003a 15-25), 이 학문을 통해 참으로 있는 것들(실체)의 근본적 성질을 논하고 있다. 이때 중요한 점은 그가 이데아의 세계와 경험세계를 구분하는 플라톤의 사유방식을 더 이상 수용하지 않는다는 점이다. 초월의 세계란 없다. 참으로 있는 것은 우리가 경험하는 세계에서 발견된다.

세상 모든 것은 항상적이지 않다. 모든 것은 생성·소멸한다. 파르메니데스나 플라톤의 관점에 따르면, 이처럼 무상한 것들은 참으로 있는 것이 아니다. 하지만 아리스토텔레스의 설명에 의하면, 변화는 있음의 속성일 뿐이다. 모든 있는 것(존재자)은 운동할 수밖에 없다. 그렇지만 이 운동은 이를테면 불변적 형상으로부터 인가를 얻은 것이다. 이미 말했듯, 아리스토텔레스도 불변적 형상의 존재를 부인하지는 않는다. 그의 생각에도 세상 만물이 존재하려면 우선 항상적인 무엇, 이른바 형상이 전제되어야 한다. 다만 이 형상은 개별 사물 바깥에 있지 않다. 이 형상을 아리스토텔레스는 플라톤과 달리 이데아가 아니라 '에이도스 eidos' 혹은 '모르페morphe'라 부른다(에이도스와 이데아의 어원은 어차피 같다).

세상 만물은 각각에게 고유한 형상을 품고 있다(파르메니데스와 플라톤의 사유에서도 그렇지만 아리스토텔레스에게도 만물이란 감각으로 확인되는 사물들 뿐 아니라 우리가 생각하거나 말로 표현할 수 있는 모든 것을 가리킨다). 그러나 세상 만물은 형상만으로는 존립할 수 없다. 만물은 형상과 질료가 결합할 때만 존재한다. 여기서 '질료 hyle'란 형상을 현상에 나타나게 하는 무엇, 즉 물질을 말한다. 질료 내지 물질은 원래는 전혀 형상화되지 않은 것, 어떤 규정성을 갖지 못한 것으로 오직 형상과 결합할 때만 구체적인 형태를 갖게 된다. 예를 들어 설명하면 이렇다. 사람이나 개, 길가의 돌덩어리는 우주상의 무기물질을 공유한다. 이 무기물질들은 어떤 고정된 형태를 취한 것이 아닌 질료이다. 이 무기물질들이 사람과 개와 돌덩어리의 형상, 즉 불변의 본질과 결합하면 비로소 일정한 외양과 성질을 지닌 개체로 나타난다. 여기서 다음과 같은 의문이 들 수도 있을 것이다. 그렇다면 선이나 정의 같은 것의 형상과 질료는 무엇인가? 이런 것은 어쨌거나 구체적 인간의 행동 속에서 표현된다. 우리가 식별할 수 있게끔 구체적으로 드러난 이상 그것은 형상과 질료의 결합이다.

이처럼 아리스토텔레스의 사유에서 모든 것은 형상과 질료의 결합으로 존재한다. 형상만으로 존재하는 것은 없으며, 질료만으로 존재하는 것도 없다. 그렇다면 운동 내지 변화, 달리 말해 생성과 소멸은 어떻게 설명될 수 있는가? 아리스토텔레스는 네 가지 원인을 제시하여 만물의 변화를 설명하는데, 그 네 가지 원인은 다음과 같은 네 가지 물음의 답변으로 생각될 수 있다. (1) 그것은 무엇인가? (2) 그것은 무엇으로 만들어지는가? (3) 그것은 무엇에 의해 만들어지는가? (4) 그것은 어떤 목적으로 만들어지는가?(스텀프/피저, 2007: 147) 아리스토텔레스에 의하면, 우리는 모든 사물에 대해 이런 물음을 제기할 수 있다.

그리고 이 물음들에 대해 아리스토텔레스가 제시하는 답변은 이렇다. (1)은 본질에 대한 물음으로 그 답변은 결국 '형상'이다. (2)의 답변은 형상과 결합하여 사물을 존립케 하는 '질료'이다. (3)의 물음은 사물을 형성케 하는 최초의 작용과 관련되며, (4)의 물음은 그런 운동을 일으키는 목적에 관해 묻는다. 마지막 두 가지, 즉 작용요인과 목적요인을 아리스토텔레스는 일단 형상 자체에서 찾는다. 형상과 질료 중 능동적인 것은 형상이다. 형상은 어떤 목적을 품고서 질료를 움직여 어떤 사물이 탄생하게 한다. 이렇게 해서 특정한 자연물이나 인공물이 개체로서 생성된다. 그런데 질료는 형상과 결합해 사물을 탄생케 하지만 상당히 우연적이고 불규칙적인 특성을 갖는다. 이런 우연성과 불규칙성 때문에 어떤 동일한 형상, 예컨대 인간의 에이도스가 동일한 질료와 결합함에도 개개 인간이 다른 모습을 갖게 되는 것이다. 또한 질료와 형상은 워낙 다른 것이라 그 결합이 영속적이지도 않다. 달리 말해 질료가 형상에 저항한다. 그리고 이로 인해 사물은 조금씩 모습을 바꾸며 종국에는 소멸에 이르게 된다. 형상과 질료가 분리되는 것이다(쿤츠만/부카르트/비트만, 2000: 49).

질료와 형상의 결합인 사물들은 모두 동등한 위치에 있지는 않다. 사물들 사이에는 일정한 위계가 있다. 위계의 가장 윗자리에는 최고의 형상이 있어 일정한 목적을 갖고 세계를 이끈다. 아리스토텔레스가 신이라고도 부르는 이 최고 형상은 가장 순수한 형상이며 오로지 능동적이기만 한 것이다. 부동·불변의 이 최고 형상이 최초 동인이 되어 아래로 여러 단계 개체들의 생성·소멸을 유발한다. 앞서 개개 사물의 생성은 그 사물의 형상이 운동요인이자 목적요인이 되어 질료를 끌어들임으로써 시작되는 것이라 말했다면, 이런 개별 형상들의 운동은 애초에 최고 형상에서 비롯된 것이다. 요컨대 세계는 최고 형상인 신의 인도 아래 질서 잡힌 위계 속에서 변화를 거듭한다. 더불어 세상 모든 사물은 형상과 질료의 결합이지만 이러한 위계 질서 속에서는 언제든 질료의 위치에 놓일 수 있다. 예컨대 흙 알

갱이나 돌덩이는 그 자체가 형상과 질료의 결합인 사물이지만, 건축물에 대해서는 질료가 될 수 있다(스텀프/피저, 2007: 149).

아리스토텔레스의 이런 사유구도에서는 플라톤의 존재 대 가상이라는 이원론이 더 이상 성립되지 않는다. 참된 존재인 이데아에 견주어 세상 사물들이란 허상에 불과하다는 주장이 불가능하게 되는 것이다. 세상 사물은 모두가 불변의 본질인 형상을 품고 있는 진짜이다. 운동은 이 불변의 본질과 그것을 눈앞에 드러나게 하는 재료들이 그때그때 새로이 결합되고 해체되기 때문에 일어난다. 물론 아리스토텔레스는 플라톤의 이데아와도 비슷한 최초의 순수 형상을 언급하기는 한다. 하지만 이는 세상 만물의 변화를 카오스로 남기지 않기 위한 사유의 장치로 보아야 한다. 세상 만물의 운동은 최초 동인에 의해 시작된다. 이 동인은 다른 무엇에 의해 운동된 것이 아니라는 점에서 부동의 것이다. 이 부동의 순수 형상이 휘하의 형상들에게 운동을 시작케 한다. 이때 최초 형상은 우리로선 정확히 규정하기 어려운 목적을 품고 있다. 즉 최초 형상인 신은 기분 내키는 대로 형상들을 운동케 하는 것이 아니다. 그렇기에 이 세계는 일체의 변화 속에서도 질서를 유지한다. 만물은 변화하지만, 이런 변화에는 일정한 목적과 질서가 있다는 점에서 세상은 항상적인 것이기도 하다.

아리스토텔레스는 존재의 질서란 이렇게 생각되어야 하

며, 이런 생각이야말로 참된 앎이라고 주장한다. 있음에 대한 참된 앎은 진리이다. 이러한 진리는 어떻게 획득되는가? 파르메니데스나 플라톤이라면 감각적 경험을 배제한 순수 사유만이 진리 획득을 가능케 한다고 말할 것이다. 하지만 아리스토텔레스의 관점은 다르다. 순수 사유만으로는 참된 인식에 이르지 못한다. 마치 형상뿐 아니라 질료도 있어야 사물이 존립하듯, 지성뿐 아니라 신체적 경험, 즉 감각이나 관찰 등이 있어야 진리는 획득된다. 우리 감각에 주어지는 자료를 무시하면 사유는 공허함에 빠질 수밖에 없다(회페, 2001: 134).

이처럼 아리스토텔레스는 인식에서 감각이 갖는 중요성을 적극적으로 인정한다. 이는 참된 있음을 - 피안이 아닌 - 경험세계에서 찾으려한 그의 입장에 상응하는 태도이다. 하지만 그렇다고 해서 그가 지성과 감각을 동등한 위치에 놓았다고 보기는 어렵다. 형상과 질료의 관계 규정에서 주도적 역할을 형상에 부여한 것과 유사하게, 그는 인식에서도 감성보다 지성을 우위에 놓기 때문이다. 감성 내지 감각은 지식 획득에 필수적이지만 이것에만 머문 지식은 아직 낮은 단계에 머물러 있다. 참된 앎, 아리스토텔레스의 표현으로 '지혜'는 감각 경험에서 획득된 정보 이상의 수준으로 올라서야 한다. 그러기 위해서는 감각 경험의 반복과 이를 근거로 사유를 전개하는 지성의 노력이 반드시 필요하다(회페, 2001: 134).

인식하려는 자가 만약 감각경험 수준의 앎에 머문다면, 그 앎은 불완전하다는 의미에서, 달리 말해 허위를 포함한다는 의미에서 가상이라 불릴 만하다. 플라톤과 달리, 아리스토텔레스는 세상 사물을 가상으로 규정하지는 않는다. 하지만 이 사물들에 관한 앎에서는 참된 앎(진리)과 그렇지 못한 앎(가상)의 구별이 있을 수밖에 없다. 참된 앎을 추구한다면 양자의 구별은 불가피하다. 그런데 아리스토텔레스에 의하면, 불완전한 인식이란 의미의 가상은 감각경험에 머물 때만 발생하는 것이 아니라 지성의 그릇된 활동, 즉 그릇된 사유에 의해서도 발생할 수 있다. 이처럼 아리스토텔레스는 지성의 능력에 전폭적 신뢰를 보내지는 않는다. 지성도 올바른 사유를 전개하려면 철저히 훈련되어야 한다. 아리스토텔레스가 올바른 사유의 원리인 논리학의 체계화에 공을 들인 것도 이런 맥락에서 이해될 수 있다(슈퇴리히, 2008: 266).

앎을 획득하려는 지성의 노력, 달리 말해 학문의 궁극적 목표는 '있음(존재)'과 '있는 것들(존재자)'의 원인과 이유, 원리를 밝혀내는 데 있다. 존재 자체의 원인과 이유, 원리를 밝히는 학문은 앞서 보았듯 형이상학이다. 존재자들의 원인과 이유, 원리를 밝히는 학문은 원칙상 존재자들의 종류만큼 많을 수 있다. 물론 아리스토텔레스도 세상에 있는 것들을 빠짐없이 학문의 대상으로 삼을 수는 없었다. 하지만 현재 남아 있는 아리스토텔레스의 저작만 봐도 그가 참으로 방대한 영역에 걸쳐 학문적 관심을 기울였음을 알 수 있다. 그가 남긴 저작을 내용별로 분류하면 논리학, 자연과학, 형이상학, 윤리학, 정치학 그리고 문학·예술 및 수사학에 속하는 것들로 나눠볼 수 있다(슈퇴리히, 2008: 261). 이중 자연과학 분야를 예로 들면, 여기에는 전8권의 『자연학』 외에도 『기상학』, 『동물지』, 『동물발생론』 등의 다양한 저술이 포함된다.

'예술의 가상'이란 주제와 관련해서 우리가 주목해야 할 것은 당연히 문학·예술에 관한 그의 저작들이다. 이런 저작들은 문학·예술의 원인과 이유, 원리 등을 밝히려 하며, 이를 통해 '좋은 문학·예술의 원리란 무엇인가?' 내지 '좋은 문학·예술을 가능케 하는 것은 무엇인가?'란 물음의 답을 얻고자 한다(스텀프/피저, 2007: 142). 이 문제를 가장 집중적으로 다룬 아리스토텔레스의 저작은 『시학』이다. 하지만 예술에 관한 그의 언술은 『형이상학』과 『자연학』, 『니코마코스 윤리학』 등에서도 발견된다. 아래서는 이런 저술들에 기초해서 아리스토텔레스의 예술론을 살펴보도록 하겠다. 물론 이때 관심의 초점은 그의 예술론에서 예술적 가상과 관련된 생각을 추출해 내는 데 있다.

『시학』에서 아리스토텔레스는 스승인 플라톤과 마찬가지로 시문학 및 여타 예술의 본성을 '모방mimesis'으로 규정한다(아리스토텔레스, 2005: 1447a 7 - 1447b 10). 하지만 그는 플라톤과 달리 이로부터 예술이란 허위적 가상에 불과하다는 결론을 도출하지는 않는다. 아리스토텔레스의 존재론에서는 경험계의 사물이 더 이상 이데아의 그림자와 같은 것으로 취급당하지 않는다. 예술의 산물도 예외가 아니다. 물론 여기에는 다시 반론이 제기될 수 있다. 모든 사물이 실재한다 해도 예술은 어디까지나 사물의 모방이므로 온전한 실재성은 갖지 못한다고 말이다. 그렇지만 아리스토텔레스는 『시학』에서 이런 주장의 근거를 무력화시킨다.

우선 그는 모방이란 행위의 가치를 격상시키는 바, 그의 견해에 따르면 모방은 인간의 본성이며 또 모방된 사물은 지적 활동에도 적지 않은 기여를 한다.

> 첫째, 사람은 어릴 적부터 모방적 행동 성향을 타고난다. 사람은 극히 모방적이며 모방을 통하여 그의 지식의 첫걸음을 내딛는다는 점에서 다른 동물들과 다르다. 둘째, 모든 사람이 모방적 사물에서 즐거움을 얻는다.
>
> 위의 둘째 원인의 증거는 우리의 실제 경험에서 찾을 수 있다. 우리는 보기만 해도 고통스러운 사물을 아주 자세하게 그린 그림을 바라보면서 즐거움을 느낀다. 예컨대 가장 악독한 짐승이나 송장 같은 것 말이다. 사람은 자기 이해력을 발휘하는 데에서 큰 즐거움을 느낀다는 사실로써 이를 설명할 수 있다. 이것은 철학자뿐 아니라 모든 사람에게도 공통된다. 이해력이 제한된 경우라 해도 마찬가지이다. 바로 이 이유 때문에 사람들은 사물의 그림이나 조각 따위의 영상을 바라보는 것을 좋아하는

> 데 그런 것을 바라볼 때 그들의 이해력과 추리력을 각 부분들에 - 예를 들면 저것은 누구누구의 모습이라고 알아보는 등 - 적응해보게 되는 까닭이다(아리스토텔레스, 2005: 1448b 1-10).

그렇다면 시문학 등의 예술 또한 단순히 모방의 산물이란 이유로 배척당할 이유가 없다.

다음으로, 아리스토텔레스는 예술의 모방이란 사물을 단순히 복제하는 것이 아님을 지적한다. 예술이 모방하는 것은 어떤 정지된 사물이 아니라 인간의 "성격·감정·행동"(아리스토텔레스, 2005: 1447a20)이다. 비극도 예외가 아닌지라, "비극은 행동의 모방으로서 행동을 모방하기 위해서 그 행위자를 모방하는 것이다."(아리스토텔레스, 2005: 1450b 1). 성격이나 감정, 행동은 똑같이 베낄 수 있는 사물이 아니라 모방적 행위에 의해 표현해야 할 대상들이다. 그렇기에 예술의 모방은 단순한 베끼기가 아니라 '표현'이라는 의미를 함축하게 된다. 달리 말해, 인간의 성격·감정·행동이 예술적 모방에 의해서 형태를 얻게 된다.

더 나아가, 아리스토텔레스는 참된 예술가라면 이런 모방적 표현에 개연성 내지 필연성을 부여할 수 있어야 한다고 덧붙인다.

> 시인의 일은 실제로 일어난 사건들을 이야기하는 것이 아니라 일어날 수 있는 일, 개연성이나 필연성의 법칙에 따라 일어나리

> 라 기대할 수 있는 일을 이야기하는 것이다. (...) 역사가는 실제로 일어난 사실들을 이야기하고 시인은 일어날 수 있는 일을 이야기한다는 사실에 차이가 있는 것이다(아리스토텔레스, 2005: 1451a 37 - 1451b 1).

> 비극적 모방은 (...) 사실들이 기대를 벗어나면서도 서로 필연적인 연관성을 가지고 일어날 때 가장 효과가 크다(아리스토텔레스, 2005: 1452a 1).

인간의 성격·감정·행동을 묘사하는 시인의 작품은 분명 하나의 허구이지만 '그런 일이라면 언제든 일어날 법하다'는 인상을 심어주어야 한다. 즉 특정한 성격과 감정태도로 인해 특정한 행동방식을 보여주는 인간은 특정한 방향으로 삶을 전개시킬 수밖에 없다는 공감을 불러일으켜야 하는 것이다. 이때 예술수용자가 공감을 품을 수 있는 까닭은 개개 인간의 삶이 성격·감정·행동의 유형별로 어떤 보편성을 나타낼 수 있기 때문이다. 이런 보편성을 잘 보여주는 작품, 달리 말해 개연성 내지 필연성을 지닌 작품은 인간 삶에 관한 진리를 매개할 수 있다. 이런 의미에서 아리스토텔레스는 비극을 - 그가 이미 일어난 사실의 단순한 서술과 동일시하는 - 역사와 대비시켜 다음과 같이 말한다.

> 바로 이 까닭에 시는 역사보다 더 철학적이며 더 심각하다. 시

> 는 보편적인 것을 더 많이 이야기하는 데 반해 역사는 특수한 것을 이야기하기 때문이다. '보편'이라 함은 개연성이나 필연성에 의하여 어떤 종류의 인물이 어떤 종류의 말이나 행동을 함직함을 말한다. 시는 등장인물에게 특정한 이름들을 붙이면서도 바로 이러한 보편성을 목표로 삼고 있다. 그에 반하여 '특수'라 함은 예컨대 알키비아데스가 실제로 무슨 일을 했고 무슨 일을 겪었는지를 말하는 것이다(아리스토텔레스, 2005: 1451a 37 - 1451b 10).

비극을 비롯한 예술은 - 논리적 사유만큼은 아닐지라도 - 일정만큼 진리를 전달할 수 있다. 역사와 비교할 때, 그것은 모방과 허구에 근거한 표현 때문에 가능한 일이다. 이 지점에서 아리스토텔레스의 견해는 스승의 견해로부터 한참이나 멀어진다. 플라톤은 가상인 예술이란 진리를 전달할 수 없을뿐더러 윤리적으로도 바람직하지 못한 것이라 판정했다. 그가 제시한 근거에 따르면, 예술은 진리와 허위를 구분하지 않기에 윤리적 선악 구별에도 지장을 주며 또 예술수용자를 감정의 동요상태에 있게 하기에 올바른 선악판단을 저해할 뿐이다. 하지만 아리스토텔레스에 따르면, 비극 등의 예술은 이미 윤리적인 틀 내에서 인간의 행동을 묘사한다.

> 모방 기술자(시인)는 어떤 행동을 하는 사람들을 모방하는데, 사람은 고상하거나 또는 저열하거나 둘 중 하나이므로(사람의

> 성품 차이는 잘나든가 못난 정도에 따라 달라져서 그 두 부류로 나뉘기 때문이다) 사람들을 보통보다 더 좋게 또는 더 나쁘게 또는 보통과 같이 모방하게 된다. 이는 그림에서도 마찬가지이다(아리스토텔레스, 2005: 1448a 2).

예술 작품은 인간 행동의 묘사에서 선악을 실재보다 좀 더 과장해서 강하게 표현한다. 이런 과장 또한 하나의 허구임이 분명하지만, 예술수용자는 이를 통해 선과 악에 관한 분명한 지혜를 얻을 수 있다(Angehrn, 1989: 133).

다음으로, 이러한 예술 작품과 미의 관계가 아리스토텔레스의 사유에서 어떻게 이해되는지 알아보기로 하자. 고대에 미는 다분히 형이상학적인 개념이며 어떤 궁극적 이념에 가까웠다. 그리고 이러한 미는 인간 기술의 산물들과 직접적으로 연결되는 경우가 드물었다. 미와 예술 사이의 이러한 평행선은 - 때로 근접하는 경우는 있어도 - 중세까지 이어진다. 그리고 아리스토텔레스에게서도 이런 평행선은 확인된다(타타르키비츠, 2005: 271-271). 그는 플라톤과 마찬가지로 미의 본질을 질서와 비례, 균제 등에서 찾았으며, 그에게서도 미는 예술과 단적으로 일치하는 무엇이 아니다(타타르키비츠, 2005: 268-270). 하지만 아리스토텔레스의 『시학』에는 그러한 미의 관념을 비극에 적용하는 듯한 대목이 있어 눈길을 끈다. 그는 비극의 플롯을 갖추어야 할 요건을 설명하면서 이렇게 말한다.

> 아름다운 사물은 (...) 반드시 질서 있는 조직뿐 아니라 적당한 크기여야 한다. 아름다움이란 크기와 질서에 기초하고 있기 때문이다. 하나의 생물은 너무 작거나 너무 커서는 아름답지 못하다. 너무 작으면 그것에 대한 우리의 지각이 순간적이므로 경험이 되지 못하며 너무 크면 그것에 대한 관찰이 단일한 경험이 되지 못하여 통일성과 전체성의 느낌을 줄 수가 없다. (...) 플롯도 기억 속에 쉽게 담을 수 있는 길이여야 한다(아리스토텔레스, 2005: 1450b 30).

물론 이런 진술만으로 아리스토텔레스가 미와 예술을 일치시켜 사유했다는 결론을 내릴 수는 없다. 차라리 이 진술은 균제와 비례의 조화라는 미의 속성이 - 더 이상 한갓 가상은 아닌 - 예술작품에서도 나타날 수 있다는 언명 정도로 이해되어야 할 것이다.

그렇다면 아리스토텔레스에게서 예술과 여러 기술의 관계는 어떻게 설정되는가? 수공업적 기술과 예술을 본질상 같은 것으로 취급하는 관점은 그에게서도 유지된다. 물론 - 방금 보았듯 - 그는 비극의 요건인 플롯을 미의 본질과 연관시켜 설명하며, 이렇게 해서 비극 등의 예술이 여타 수공업적 기술과 다소 구분되는 듯한 암시도 남긴다. 하지만 근본적으로 아리스토텔레스는 기술과 예술을 분명하게 구분하지 않았다. 사실 아리스토텔레스가 모방을 말할 때, 이는 - 오늘날의 관점에서 - 예술로 규정되는 활동 뿐 아니라 기술 전반의 속성을 가리키는 것이기도 하다.

『자연학』의 설명에 따른다면, 비극 등의 예술을 포함한 일체 기술에서 모방되는 것은 사실 자연의 형상이 아니라 자연의 생산이다(게바우어/불프, 2015: 39). 즉 인간 기술에 의한 생산을 면밀히 관찰해 보면 거기에는 자연의 생산과 빼닮은 점이 있다. 자연의 생산은 앞서 소개한 바 있는 변화의 네 가지 원인에 의해 설명된다. 작용과 목적을 내포한 형상과 질료의 결합 말이다. 그런데 인간이 기술에 의해 사물을 만들어낼 때도 이 네 가지 원인은 작용한다. 형상은 기술자 혹은 예술가의 머릿속에 있는 청사진이다. 『형이상학』의 표현을 빌면, “기술로부터 생겨나는 것들의 경우 형상은 영혼 안에 있다”(아리스토텔레스, 2012: 1032b 1). 이 청사진은 당연히 어떤 목적과 이를 실행할 수 있는 계획을 포함한다. 여기에 재료가 더해지면 구체적 사물이 산출된다. 자연과 기술의 산물 사이의 이런 유사성을 근거로 아리스토텔레스는 『자연학』에서 이렇게 말한다.

> 예를 들어 집이 자연의 산물이었다면 기술에 의한 것과 꼭 같은 방식으로 건축되었을 것이다. 자연적 대상들이 기술의 산물이었다면 마치 자연에 의해 만들어진 것처럼 보일 것이다. 두 경우 모두 모든 연결고리는 연속된 고리를 위해 거기에 있기 때문이다(타타르키비츠, 2005: 278 재인용 - 인용문의 번역자가 ‘예술’로 옮긴 것을 여기서는 ‘기술’로 고쳐놓았다).

비극 등의 예술도 마찬가지다. 시인 등의 예술가는 분명 자연의 형태를 모방하기도 하지만 근본적으로는 자연의 생산을 모방하여 작품을 산출한다. 이런 점에서도 예술 작품은 - 플라톤의 말처럼 - 현실의 사물을 그저 복제한 가짜에 불과한 것이 아니다. 그것은 자연의 생산을 모방한 창조이다. 『니코마코스 윤리학』에서 아리스토텔레스가 규정하는 바에 따르면, 예술을 포함한

> 모든 기술은 생성과 관계하며, 존재할 수도 있고 존재하지 않을 수도 있는 것들, 그리고 그것들의 원리가 제작자에게 있으며 제작되는 것에 있지는 않는 것들 중 무엇이 생겨나도록 궁구하고 고안하는 것에 관계한다(아리스토텔레스, 2011: 1140a 10).

모든 기술은 자연 상태에는 없는 것들도 새로이 창조할 수 있다. 이때 기술은 "변형과 생략과 보충 같은 일"(게바우어/불프, 2015: 39)을 통해서 인간에게 유용한 것을 만든다. 이런 자연의 변형 내지 보충을 아리스토텔레스는 '개선'이라고도 표현한다. 『자연학』에서 그는 이렇게 말한다. 모든 기술은 "자연의 토대 위에서 자연이 할 수 있는 것보다 사물을 더 낫게 하거나 자연을 모방한다"(타타르키비츠, 2005: 279 재인용). 기술은 자연에 있는 것들을 질료로 삼아 인간에게 '더 유용한' 것을 만들어낸다. 그런 의미에서 그것은 자연의 개선을 가져온다. 그렇다면 예술은 어떻게

자연을 개선하는가? 『시학』에서 우리는 이런 구절을 발견할 수 있다.

> 아마도 제욱시스가 그린 것 같은 인물들은 실존할 수가 없을 것이다. 그러나 그 그림들은 실제의 어떤 사람보다도 훌륭한 형상을 보여준다. 화가가 그린 형상은 그 실물보다 훌륭해야 한다(아리스토텔레스, 2005: 1461b 10).

후대의 용어로 표현하면 예술은 '이상화'를 수행한다. 이에 관해서는 비판 전기의 칸트의 미학을 다룰 때 다시 언급할 기회가 있을 것이다(이 책에서는 다뤄지지 않겠지만, 사실 '이상화'는 실러의 미학에서 중요한 개념이다). 아무튼 『시학』의 논의에 따르면 예술은 인간을 포함한 자연의 묘사에서 변형 내지 과장을 통해 목적에 도달한다. 앞서 비극은 선한 행동과 악한 행동의 과장을 통해 윤리적 효과를 노린다고 설명했는데, 그 또한 이러한 맥락에서 이해될 수 있다.

지금까지의 설명에서 알 수 있듯, 아리스토텔레스는 단지 모방의 산물이라는 이유로 예술을 거짓된 가상으로 폄하하지는 않는다. 자연의 생산을 모방하는 예술은 진리를 전달하고 윤리적 교화도 수행하는 산물을 낳을 수 있다. 물론 비극 등의 예술은 사실을 사실대로 전하는 기술이 아니다. 예술은 정말로는 일어나지 않은 일을 정말로 일어난

일인 듯 꾸민다. 더욱이 이 허구를 아주 그럴 듯하게 꾸며야만, 즉 개연성과 필연성을 부여해야만 훌륭한 예술이다. "노랫꾼들은 거짓말을 많이 한다"(아리스토텔레스, 2012: 983a 1). 아리스토텔레스도 그 점은 알고 있다. 하지만 이 거짓말은 기만을 궁극적 목적으로 삼는 것이 아니다. 이 거짓말의 목적은 감동(카타르시스)을 통해 지혜를 전하고 교화를 수행하는 데 있다. 따라서 예술의 허구, 예술의 거짓말은 정당화될 수 있다.

플라톤과 아리스토텔레스의 위대한 사상은 장차 서양 중세에도 짙은 그늘을 드리우게 된다. 하지만 예술은 중세인들의 주된 관심사가 아니었기에 두 철인의 예술사상은 중세에 별다른 주목을 받지 못했다. 두 철학자의 예술사상이 다시금 각광을 받게 되는 것은 서양인들이 중세로부터 벗어난 이후, 특히 근대의 미학사상이 형성되기 시작할 무렵부터이다. 플라톤과 아리스토텔레스의 예술사상은 근대 미학에서 미와 예술의 본질이 '가상'으로 논의될 때 일종의 대전제 역할을 한다. 그러나 근대 미학의 가상 개념을 다루기 전에 우선은 중세에 잠시 머물러보기로 하자.

II.

중세 사상에서 미와 예술의 가상

1. 빛으로서의 가상과 미

서양의 중세는 5세기에 시작되어 16세기에 종결되는 시기를 가리킨다. 이 천 년의 시간 동안 서양인의 정신세계와 일상생활을 지배한 것은 기독교다. 그리고 이 기나긴 시기 동안 서양인의 지적 활동은 기독교의 교리를 체계화하고 교회의 권위를 강화하는 데 집중되었다고 말해도 과언이 아니다. 기독교 사상가들의 관심사는 무엇보다 신을 설명하고, 신과 인간의 관계를 규정하는 강고한 신학체계를 수립하는 데 있었다. 그리고 이교도의 사상에 충분히 대항할 수 있는 기독교 교의와 교회 권위를 수립하는 것 또한 그들의 주된 관심사였다.

이런 시대에는 사물의 아름다움이나 예술 같은 것은 신학자들의 주된 관심사가 될 수 없었다. 고대와 마찬가지로 중세에는 수공업적 기술과 구분되는 '예술'의 개념도 없었다. 그렇지만 오늘날의 관점에서 '예술'로 분류될 만한 인공물과 아름다움에 관한 사상이 중세에 전무했던 것은 아니다. 플라톤에게서 커다란 영향을 받은 중세 사상은 플라톤과 마찬가지로 미를 신과 참된 존재의 본질적 속성으로 여겼기에 당대 기독교 사상가들 내지 신학자들의 저작에서는 미에 관한 언명도 종종 발견된다. 또한 당대 교회 건축과 음악을 위한 기술서들에서는 오늘날의 관점에서 예술론이라 불릴 만한 논의가 전개되고 있다. 이런 예술론은 중세의 신학 사상에 크게 의존하는 관점을 보여주는데, 이는 당대의 모든 사유가 기독교 교의와 신학에서 정당성을 얻어야 했다는 점을 생각해본다면 놀라운 일이 아니다.

중세는 천 년에 걸친 시대였기에 사회와 문화도 많은 변화를 겪었고 신학적 견해에서도 발전이라 불릴 만한 것이 있었다. 그런데 미에 관한 견해에서는 이 긴 세월 동안 비교적 뚜렷한 일관성이 발견된다는 것이 일반적인 견해다(타타르키비츠, 2008: 495). 그런 일관적 특징 중 하나는 미의 본질적 속성을 두 가지로 정리한다는 점인 바, 그 두 가지란 바로 '비례'와 '빛'을 말한다(김율, 2007: 134).

빛을 미의 본질적 속성으로 규정하는 관점은 1세기에 디오니시우스 아레오파기타Pseudo Dionysius Areopagita라는 인물이 썼다고 전해지는 문헌들에 근원을 두며, 비례를 미의 고유한 속성으로 이해하는 관점은 아우구스티누스

Augustinus(354-430)에 의해 대표된다(김율, 2007: 134-136). '빛의 미학'과 '비례의 미학'이라 불리곤 하는 두 관점은 중세 내내 여러 기독교 사상가에게서 산발적으로 등장했으며, 11-15세기 스콜라철학에서도 지속적으로 힘을 얻었다. 그리고 미에 관한 스콜라의 관점은 거의 동시대에 탄생한 고딕 건축과 예술의 사상적 기초가 되었다(타타르키비츠, 2008: 361). 중세 고딕 성당의 주요 건축학적 요소들을 살펴보면, 당대 건축가들이 "강한 수직 비례의 실내를 빛으로 가득" 채워 "신비주의적인 공간"을 창출하는 것에 주된 관심을 기울였음을 알 수 있다(임석재, 2006: 392).

비례(조화, 균제)를 미의 본질적 속성으로 파악하는 중세의 관점이 고대에 기원을 두고 있음을 파악하는 것은 어려운 일이 아니다. 우리는 이미 플라톤과 아리스토텔레스에게서 이런 관점이 나타났음을 알고 있다. 빛을 미의 본질적 속성으로 파악하는 관점 또한 근본적으로는 고대에서 유래한다. 이미 플라톤은 동굴의 비유에서 진리의 세계를 태양이 빛나는 동굴 밖의 세계로 비유한 바 있다. 이 햇빛 찬란한 이데아의 세계는 플라톤의 관점에서 참되고 선하며 '아름다운' 세상이다. 또 3세기의 사상가 플로티노스Plotinos는 플라톤 사상의 영향을 받아 신과 우주만물의 질서를 태양과 그 빛을 받는 만물에 비유해서 설명했다(타타르키비츠, 2005: 554-566). 이 두 고대 사상가가 개진한 '빛의 은유' 내지 '빛의 형이상학'은 기독교 형이상학의 형성과정에서 활발히 수용된다. 성서를 통해 창조 첫날의 '빛'이라는 근원을 잘 알고 있는 기독교 사상은 플라톤 및 신플라톤주의자 플로티노스의 사상을 바탕으로 삼아 '빛의 은유'를 풍부하게 전개한다(블루멘베르크, 2004: 72) 그리고 빛과 그 빛을 받은 사물은 신성이 지닌 진선미 중에서 특히 미와 결부되곤 했다.

중세 기독교 전통에서 이 '빛'이란 말은 고대어 'splendor' 및 'lumen' 혹은 'claritas'로 표현되었다. 앞서 독일어 단어 'Schein'이 담을 수 있는 첫 번째 의미로 소개된 것들이다. 실제로 중세 말의 기독교 사상가 마이스터 에크하르트 Meister Eckhart(1260-1327)는 독일어 단어 'Schein'을 사용해서 이 '빛'을 표현했다. 그에게서 이 단어나 그 동사형은 신을 가리킬 때도 사용될 수 있지만, 신과 피조물의 관계를 설명할 때도 사용될 수 있다. '빛나는(scheinen)' 태양이 우리에게 '빛을 비추고(scheinen)' 만물이 그 은총을 받아 '반짝이는(scheinen)' 바, 그 모든 것이 아름답다. 마지막의 'scheinen'은 'phainomenon'이나 'apparentia'란 의미를 함축한다(Santel/Rohs/Liebsch, 1992: 1230).

2. 거짓으로서의 가상과 예술

그렇다면 착각이나 착오, 허위란 의미의 'Schein'으로 미와 예술의 현상을 설명하는 견해는 중세 사상에서 발견되지 않는가? 미는 진리 및 선함과 더불어 참된 존재, 즉 신의 본성을 표시하는 개념이기에 허위란 의미의 가상과는 결부되기가 어렵다. 하지만 예술을 그런 의미의 가상과 결부시키는 언술은 있다. 특히 주목할 만한 것은 아우구스티누스의 『고백록』(387년)에 나오는 다음과 같은 구절이다.

> 허위로 행동하고 싶다는 것과 진실할 수 없다는 것은 별개의 문제다. 희극·비극·무언극 등과 같은 인간의 작품들을 우리는 화가 및 다른 모방자들의 작품들과 함께 분류한다. 희극 작가의 작품에서 말하여지는 이야기가 진실이 아니듯이 그림으로 그려진 인물은 아무리 사람의 외모로 노력한다 해도 실재일 수가 없기 때문이다. (...) 무대 위의 로스키우스는 의도적으로 위장된 헤쿠바였지만 실제로는 남자였다. 그러나 스스로 선택한 역할을 한 것이므로, 자신의 의지대로 그는 진정한 배우가 되기를 원한 것이다. 그런가 하며, 그는 프리암을 모방했을 뿐 프리암 자체가 아니었기 때문에 진짜 프리암은 아니었다.
>
> 거기에서 이상한 결론이 나온다. 모든 만물은 부분적으로 가짜인 한에서 오직 부분적으로만 참되며, 그 나머지 참되지 않은 상태에 의해서 진리에 도달할 수 있다는 것이다. (...) 로스키우스가 가짜 헥토르가 되기를 원하지 않았다면 어떤 근거에서 진정한 비극 배우가 될 수 있었을 것인가. (...) 그리고 말 그림 속의 말이 가짜 말이 아니라면 그 그림이 어떻게 진짜 그림이 될 수 있을 것인가?(타타르키비츠, 2008: 125 재인용)

이 글에서 아우구스티누스는 비극 등의 문학 내지 공연 작품과 회화 및 여타 예술의 주요한 속성을 모방으로 규정한다. 모방은 실재가 아닌 가상이다. 무대 위의 배우는 마치 다른 사람인 척 연기하여 가상을 창출한다. 하지만 비극 등의 작품은 이런 허위의 행동, 이런 가상에 기초해서 제 역할을 수행한다. 가상은 모든 모방적 작품들, 즉 예술작품들의 존립 근거이다. “말 그림 속의 말이 가짜 말이 아니라면 그 그림이 어떻게 진짜 그림이 될 수 있을 것인가?” 따라서 모방적 작품들의 존립 자체가 그 가치를 의심받지 않는다면, 이런 작품들이 허위, 가짜, 가상에 근거한다는 점 또한 비난거리가 될 수 없다. 예술의 산물도 일말의 진리를 지니고 있다면, 이는 다름 아닌 그것의 가상 성격 덕분이다(비어슬리, 1987: 105). 아우구스티누스의 이런 진술은 ‘진실한 가상으로서의 예술’이라는 고르기아스와 아리스토텔레스의 주장의 연장선상에 있다. 물론 여러 문헌에서 확인되듯, 아우구스티누스는 모방적 작품을 비롯한 인공물들에 대단히 높은 가치와 의의를 부여하지는 않았다. 예를 들어 『고백록』에서는 이런 구절이 발견된다.

> 인간들의 의복·신발·그릇 및 모든 종류의 제작물들 그리고 또한 그림과 다양한 조각작품들 등에 다종다양한 기술과 솜씨로 얼마나 엄청나게 시각적 볼거리를 더해왔는가. 그것들은 꼭 필요하고 알맞은 용도와 경건한 내용을 넘어선다(타타르키비츠,

2008: 124 재인용).

궁극적 가치는 - 자연도 포함해서 - 현세의 것들에 놓여 있지 않다. 그것은 신과의 만남에 있다. 아우구스티누스는 고대 예술에 조예가 깊은 사람이었고, 적어도 기독교에 귀의한 초기에는 예술에 그다지 적대적이지 않았다. 하지만 신학의 문제에 몰두할수록 그는 예술로부터 멀어진다. 후기로 갈수록 그는 예술적 기준보다는 윤리적·교육적·종교적 기준에서 비극이나 회화 등을 비난하게 된다(타타르키비츠, 2008: 113).

아우구스티누스만 하더라도 아직은 고대 문화와의 접촉이 많았던 시대의 사람이다. 그는 플라톤과 아리스토텔레스를 읽었고 한때나마 고대 비극이나 미술작품 또한 즐겼다. 하지만 중세로 깊이 들어설수록 사람들의 생각과 삶은 고대 이교도 문화로부터 점점 더 멀어진다. 플라톤의 사상은 중세 초부터 기독교 교의의 수립에 지대한 영향을 미쳤지만, 아리스토텔레스 철학이 다시금 중세인들의 관심을 끌게 된 것은 13세기 이후이다. 하지만 이때도 그의 형이상학이 기독교 교의의 개선에 이용되었을 뿐이다. 『시학』은 중세가 저무는 16세기에야 서양인들에 의해 재발견되었다.

또한 고대의 이교도 예술작품은 중세 내내 관심 밖의 대상으로 머문다. 오늘날의 관점에서 예술작품이라 불릴 만한 것은 당연히 중세에도 제작되었지만, 이 모든 것은 신의 찬양에 동원되었다. 총체예술작품으로서의 고딕 성당이 그런 예이다. 중세는 근본적으로 감각적 즐거움을 죄악시한 시대였고, 상상력에 기댄 허구의 이야기 같은 것도 종교적 교화에 도움이 될 때만 허용되었다. 요컨대 중세는 예술의 독자적 가치가 인정되는 시대가 아니었다. 이런 시대에는 예술이란 가상인가, 가상이라면 어떤 가상인가 등의 문제가 이론적으로 진지하게 논의될 수 없었다.

III.

근현대 미학에서 미와 예술의 가상

1. 미학의 생성과 가상

플라톤은 감성적으로 지각되는 현상세계를 사유에 의해서만 도달 가능한 이데아의 참된 세계와 대비시켰다. 그리고 지각 가능한 현상세계를 그림자나 모상 혹은 가상이라 부르면서 그 가치를 낮게 매겼다. 그에게 감성적인 것은 참된 존재 내지 현실, 즉 실재가 아닌 것의 영역을 형성한다. 앞에서 살펴본 플라톤의 이런 견해는 감성과 그에 의해 지각되는 세계를 거부하는 전통적 관점의 원형을 이룬다. 감성 영역과 이성 영역의 두 세계를 설정하고 전자를 폄하하는 서양의 형이상학 전통의 뿌리가 플라톤에게 있는 것이다.

인간 인식의 범위와 방법 문제에 그 어느 때보다 천착했던 근대 서양철학, 그중에서도 특히 보편타당한 인식의 획득 가능성을 이성에서 찾았던 근대 합리론에서도 플라톤의 관점은 존속한다. 17세기에 생성된 근대 합리론은 일체 감성적 현상에 거리를 취하고 감성적 지각에는 극도의 불신을 표명했다. 합리론의 주창자인 르네 데카르트René Descartes(1596-1650)는 이성적 자아만을 인식의 심급으로 인정했으며, 감성은 인식상의 오류를 낳는 원천이라 여겼다. 그에게 감성에 의해 포착된 것은 '환영'이나 '착각'에 불과했으며, 따라서 감성적 지각은 올바른 인식의 문제를 다루는 학문에서 배제되어야 마땅한 것이었다. 17세기의 합리론 철학자들은 데카르트의 이러한 관점을 계승하여 감성적 지각을 기만과 동일시했다.

그렇지만 17세기가 경과하는 동안에는 합리론 내부에서도 데카르트의 반감성주의를 교정하려는 관점이 점차 형성된다. 데카르트의 철학적 기획에 따르면, 인간 본성은 본질적으로 지성이며, 따라서 순수 사유가 아닌 모든 영혼의 움직임은 연구될 필요가 없는 것이었다. 하지만 데카르트 이후의 사상가들은 인간의 감성 능력 또한 인간 실존의 불가결한 조건임을 점차 인정한다. 그리고 이들은 쾌나 불쾌의 감정, 의욕과 기억과 상상 등의 감성 능력을 대상으로 삼는 고유한 학문의 필요성 또한 제기한다.

사실 근대 합리론의 틀 내에서는 감성을 대상으로 삼는 학문의 부상이 어쩌면 불가피한 것이었다. 그 맥락은 이렇게 설명될 수 있다. 기나긴 세월에 걸쳐 형성된 중세 사유

질서에서는 인간의 감성에도 - 비록 높은 지위는 아닐지라도 - 일정한 자리가 부여되어 있었다. 그런데 근대로 넘어오면서 이 질서가 무너졌고, 합리론은 감성 능력을 학문 영역 밖으로 밀어내버렸다. 그 결과, 근대 합리론의 사유 질서 내에서 감성은 그저 기만 내지 가상이란 인식표만 단 채로 미규정의 영역으로 남게 되었다. 물론 같은 근대철학이라 하더라도 영국을 중심으로 발전했던 경험론은 합리론과 달리 감성적 지각을 인식의 근원으로 삼았으며, 지성 내지 이성에는 오히려 부수적 지위를 부여했다. 아무튼 영국 합리론은 지성과 감성 중 어느 것도 배제하지 않는 인식론의 틀을 마련한 셈이었다(박민수, 2015: 6).

반면 합리론은 반감성주의의 성격을 한동안 유지했다. 그러나 그 내부에서도 데카르트주의를 교정하고 보완할 필요성은 서서히 제기되었으며, 그런 교정과 보완을 최초로 자극한 인물은 고트프리트 빌헬름 라이프니츠Gottfried Wilhelm Leibniz(1646-1716)였다. 라이프니츠는 인간 인식에서 감성이 수행하는 역할을 어느 정도 인정함으로써 데카르트의 견해를 교정하려 시도했다(Ferry, 1992: 27). 이 과정에서 근본적 관점을 형성한 것은 '자연 연속성의 원리', 달리 말해 '자연은 비약을 하지 않는다'는 테제였다. 라이프니츠의 이 테제를 정신 영역에 적용하면, 인간의 지성 내지 이성과 감성 사이에는 넘을 수 없는 심연 같은 것이 없다는 뜻이 된다. 오히려 인간 영혼의 두 부분은 연속성을 유지한다. 이런 관점에 기초해 라이프니츠는 인간의 의식 정도를 점진적으로 구분하며, 이 과정에서 감성적 표상에도 인식의 성격을 부여한다.

라이프니츠에 의하면 인간의 인식은 다음과 같은 네 단계로 구분된다. 1. 애매하고 모호한 인식 또는 지각, 2. 명석하지만 모호한 인식, 3. 개념적 형태를 취하는 명석하고 판명한 인식, 4. 신과 같은 존재에게만 가능한 완전히 충전적이고 직관적인 인식. 라이프니츠에 따르면, 감성적 지각이나 상상 등의 표상은 1과 2단계의 인식에 속하며, 이러한 감성적 표상은 인간의 인식 수행에서 불가결한 요소를 이룬다. 지성의 표상과 비교할 때 감성적인 것은 저급한 인식으로 머물기는 하지만 현실 경험의 어떤 형식을 제공한다는 점은 인정되는 것이다(라이프니츠, 2010: 9-25).

지각과 인식을 점진적 위계로 구분하는 라이프니츠의 견해는 독일의 철학자 크리스티안 볼프에 의해 계승·발전된다. 볼프는 인식의 점진적 위계를 크게 양분해서 논의하기도 하는데, 이때 기준이 되는 것은 명석함과 판명함이다. 즉 그는 명석하고 판명한 인식과 그렇지 못한 인식 사이에 경계를 긋고 이에 상응해 인식력을 상위와 하위의 두 종류로 나눈다. 인간 의식에 명석하고 판명한 관념을 가져오는 인식력의 종류는 '상위 인식력'이라 부르고, 애매하고 모호한 관념을 수반하는 인식력의 종류는 '하위 인식력'이라 부르는 것이다. 전자에 속하는 결국 지성 내지 이성이고, 후자에 속하는 것은 다양한 감성 능력이다(박민수, 2015: 40-43).

라이프니츠와 비교할 때 볼프의 논의에서 진일보한 점은 인간의 다양한 감성 능력이 - 비록 저급한 종류이긴 해도 - '인식력'이라 분명하게 규정된다는 점이다. 그리고 볼프가 하위 인식력에 상상력 및 그 특수양태인 '창작력facultas fingendi/Dichtungsvermögen'을 포함시켜 논의한 점은 장차 미학이란 신생 철학 분과의 형성에 커다란 영향을 미친다. 볼프에 따르면 이 두 능력은 문학을 비롯한 예술작품의 창조 과정에서 주요한 역할을 수행한다(박민수, 2015: 43-44).

볼프는 또 다른 측면에서도 미학 형성에 결정적 영향을 끼쳤는데, 그것은 바로 '기예학Technologie'의 가능성을 제시한 점이다. 볼프는 합리론 전통에서 주장된 학문 원리, 즉 자명한 최초 원칙과 명석하고 확실한 정의에서 출발하여 엄밀한 연역에 따라 추론을 전개하는 방법적 원리에 충실하다면 좁은 의미의 학문(철학) 외에도 다양한 학문이 가능하다고 보았다. 특히 그는 인간이 제작하는 다양한 대상에 관한 학문의 가능성을 제시하면서, 이러한 학문 종류를 '기예학'이라 칭했다. 이때 그는 수사학이나 시학 혹은 건축물에 관한 기예학 또한 가능할 뿐 아니라 필요한 것이라 주장하여 장차 미학이나 예술철학이라 불리게 될 학문의 가능성과 정당성을 독일 근대 철학에서 최초로 제시한다(박민수, 2015: 53).

볼프는 오늘날 그다지 대단한 철학자로 평가받지 못하지만 18세기 전반만 해도 독일 철학계에서 그의 영향력은 가히 압도적인 것이었다. 이 시기 대다수의 독일 철학자들은 볼프 사상의 영향 아래 있었고, 비판 전기의 칸트도 예외가 아니었다. 기예학에 관한 볼프의 발상 또한 후세대의 합리론 사상가들은 자극했는데, 이들 중에는 문학과 회화, 조각 등 - 16세기 이래로 수공업적 제작과 서서히 구분되기 시작한 기예 - 에 관한 기예학을 수립하는 데 관심을 보이는 사람들도 적지 않았다. 요한 고트프리트 고트셰트Johann Gottfried Gottsched(1700-1766)의 『비판적 시예술 시론 *Versuch einer Critischen Dichtkunst*』(1730)이나 스위스의 이론가 요한 야콥 브라이팅어Johann Jacob Breitinger (1701-1776)와 요한 야콥 보트머Johann Jacob Bodmer (1696-183)의 여러 저작은 문학·예술 영역에서 볼프 의미의 기예학을 실현코자 한 시도의 대표적 사례다(박민수, 2015: 53-59).

흥미로운 점은 문학·예술에 관한 이런 학문의 수립 노력이 앞서 언급한 합리론 내의 변화와 큰 부분에서 겹친다는 사실이다. 즉 문학과 예술에 관한 학문의 수립 노력은 인간 감성에 관한 학문의 정립 노력과 커다란 교집합을 갖는다. 그 까닭은 플라톤 이래의 서구 사유 전통에서 문학이나 예술 등은 그 수용과 제작 모두에서 인간의 감성 능력과 긴밀히 결부되어 왔다는 점에 있다. 그렇기에 고트셰트나 스위스인들은 고유한 문학·예술론을 전개하는 과정에서 라이프니츠-볼프의 감성론 내지 하위인식론에 크게 의존한다. 요컨대, 17세기 말과 18세기 초에 활발히 생성된 미학적 사유는 인간 감성에 관한 학문적 탐구를 주요한 원천으로 갖는다.

물론 당대 볼프주의자들 내에서 예술의 기예학을 수립하려는 노력이 나타난 것은 르네상스 이후 예술 창작 및 그에 관한 담론 영역에서 일정한 발전이 있었기에 가능한 일이었다. 잘 알려져 있듯, 르네상스 이후 서양 문화는 회화와 조각, 문학 창작 등에서 찬란한 결실을 꽃피운다. 그에 상응해서 미와 예술에 관한 다양한 담론도 형성되기 시작하는데, 이때 결정적 영향력을 행사한 것은 두 가지 고대 모델, 즉 플라톤 및 신플라톤주의의 미 형이상학과 아리스토텔레스의 『시학』 및 『수사학』이었다. 물론 플라톤의 미 형이상학은 예술이론이 아니고, 아리스토텔레스의 『수사학』도 마찬가지이며, 그의 『시학』은 사실 예술 일반이 아닌 비극만을 다룬 저작이었다. 그러나 르네상스로부터 근대에 이르는 동안 '순수예술' 내지 '아름다운 기예'라는 관념이 형성되며, 이 과정에서 플라톤과 아리스토텔레스의 이론은 재해석되었다. 앞에서 다루었듯, 플라톤의 생각에 따르면 우리가 현실에서 경험하는 현상적 미는 이데아로서의 미와 일정한 관계를 갖는 것이었다. 반면 근대의 사상가들은 미의 이념을 예술작품으로 표출된 예술가의 이념으로 대체하기 시작하며, 아리스토텔레스의 시학에서 유래하는 미메시스 원리에 의해서 작품과 예술가의 이념 사이의 관계를 설명하려 시도한다. 그리고 이 과정에서 미는 점차 예술미와 동일시되는 사고방식이 움튼다.

이와 동시에 근대에는 예술 개념에서도 변화가 나타난다. 앞에서도 보았듯, 고대와 중세 사유에서 '테크네'나 '아르스'는 인간의 산출 활동 전반을 가리키는 말이었으며, 산출 활동이란 실천적인 것(기술)과 이론적인 것(학문) 모두를 포괄했다. 그런데 이제 순수 예술 내지 아름다운 기예라는 관념은 이 두 가지를 모두 배제하기 시작한다. 예술은 수공업적 제작보다 더 고귀한 무엇이며 철학적 인식과도 다른 무엇으로 이해되기 시작하는 것이다. 이러한 인식 변화는 아름다운 기예에 관한 학문의 수립을 촉구하며, 근대 합리론 유파 내에서도 철학의 새로운 분과 형성을 자극하게 된다.

18세기 전반 독일의 라이프니츠-볼프 학파에서 미학이란 새로운 철학 분과가 태동한 배경에는 이처럼 당대의 두 가지 지적 요구가 자리 잡고 있다. 그 두 가지 요구란 감성에 관한 학문과 순수예술에 관한 학문 수립의 필요성이다. 그리고 독일어 'Schein'이란 개념이 미학적 사유의 개념으로 등장하는 것도 대략 이 무렵이다. 앞에서도 언급했듯, 볼프는 라이프니츠의 사상을 독일어로 재서술·재구성하는 과정에서 수많은 독일어 철학용어를 창안한 인물이다. 'Schein'이란 용어 역시 볼프에 의해 처음으로 철학의 맥락에 도입된 것인지는 분명하지 않다. 설령 볼프의 독일어 저작에서 이 용어가 사용되었다 해도 그것은 아직 미학적 개념이라 말할 수 없을 것이다. 그의 사유에서는 이런 성격의 학문분과가 아직 구체화되지 않았기 때문이다. 'Schein'이란 용어가 가장 처음 미학적 의미로 등장하는 것은 볼프의 제안에 부응해 시와 예술의 기예학을 수립하려 했던 보트머와 브라이팅어의 저작에서이다(Wiegmann, 1977: 62).

이후 독일에서는 수공업적 기예 및 일상사물과 구분되고 학문과도 구별되는 예술 영역 혹은 예술 자체의 본질을 규정하기 위해 'Schein'이라는 개념이 빈번히 사용된다(Luhmann, 1997: 177). 고대 이래 허위와 거짓, 혹은 감각적 기만을 이용한 놀이 정도로 예술을 규정할 때 사용되던 용어 내지 그에 상응하는 독일어 단어가 예술의 '자율적 성격'을 지칭하기 위한 개념으로 변전해 나가는 것이다. 물론 미와 예술의 영역에서 '가상' 개념의 이러한 가치절상은 예술에서의 실천적 성과에도 근거한다. 주지하듯, 르네상스와 더불어 시작되는 서양 근대 문화는 이전과는 구별되는 독특한 가상세계를 창조했다. 그 대표적인 예로는 회화의 중앙원근법과 연극의 극장무대를 들 수 있다(Luhmann, 1997: 177; Krämer, 1995: 130-132). 중앙원근법이 3차원의 공간을 2차원의 평면에 가상적으로 표현해 냈다면, 앞 시대의 노천무대를 대체한 근대의 극장은 무대의 조명과 사실적 소품 그리고 객석의 어둠에 의해 시각적 환영을 창출했다. 근대의 서사시인 소설Roman의 발전과 이 허구세계의 향유를 정당화하는 문화의 발전도 독일에서 가상이라 지칭되는 예술적 사태의 가치를 절상시키는 데 기여했다(Kleinschmidt, 1982: 174-197).

18세기 전반 합리론의 발전 과정에서 알렉산더 고틀리프 바움가르텐Alexander Gottlieb Baumgarten(1714-1762)의 공적은 '미학'이란 분과의 명칭을 창안한 점으로 국한되지 않는다. 고트셰트와 두 스위스인의 저작과 비교할 때, 바움가르텐의 『미학*Aesthetica*』(1750/58)은 - 비록 미완성으로 머물렀지만 - 내용과 방법 모두에서 볼프가 제안한 기예학에 훨씬 더 근접한 모습을 보여준다(박민수, 2015: 60/70-72). 미와 예술의 가상이란 주제와 관련해서도 바움가르텐의 『미학』은 당대 저작으로서는 가장 체계적인 논의를 전개하고 있다(물론 그의 라틴어 저작에서는 '가상'이란 개념 대신 '허구'란 개념이 등장한다). 그가 미와 예술의 가상 성격을 긍정적으로 평가했다는 점은 '완전성으로서의 미'라는 그의 정의에서도 분명하게 확인된다. 사실 이 정의는 라이프니츠와 볼프에서(좀 더 멀리는 스콜라철학에서) 유래한다. 두 사람은 하나와 여럿의 통일을 완전성이라 이해했고, 진과 선 그리고 미의 개념도 이 완전성에 근거해 규정했다. 이때 미로서의 완전성 혹은 완전성으로서의 미는 - 마치 고대 이래 미의 개념이 사물의 조화나 비례에서 도출되었듯 - 인식 주관과 무관한 존재의 사태로 이해되었다(물론 볼프는 이런 이해에서 다소 동요를 보였다 - 박민수, 2015: 91-93). 라이프니츠 및 볼프와 달리, 바움가르텐은 미의 완전성을 감성의 표상으로 이해한다. 불완전한 인식, 기만적 가상의 근원으로 간주되어온 감성이 오히려 완전성의 표상능력으로 인정되는 것이다. 이 점에 관해서는 다음 절에서 좀 더 자세히 알아보기로 하자.[1)]

2. 바움가르텐

바움가르텐의 미학적 성찰은 『미학』과 이에 선행한 몇 가지 저작, 특히 『시의 몇 가지 조건들에 관한 철학적 성찰*Mediationes philosophicae de nonnullis ad poema pertinentibus*』(1739)과 『형이상학*Metaphysica*』(1739/1742/1750) 중 영혼론Psychologie에 관한 절에서 개진된다. 이 저작들에서 그는 인간 감성에 관한 대담한 이론을 전개하는 동시에 미와 예술의 체계적인 철학적 이론도 발전시킨다. 바움가르텐은 이들 저작에서 새로운 철학 분과를 정초하려 시도한다. 그는 이 분과를 '미학'이라 부르며, 이렇게 해서 근대 철학에서 최초로 이 학명을 사용한다.[2)]

---

1) 바움가르텐에 관한 이하 서술은 졸저 『바움가르텐의 〈미학〉 읽기』(박민수, 2015)의 74-75쪽 및 103-111쪽의 내용과 거의 동일하다.

2) 'Aesthetica'라는 학문명은 감각하다를 뜻하는 희랍어에서 연원한다. 이런 맥락에서 보면 바움가르텐이 창안한 학문명은 '감성학'이

『미학』의 서문에서 그는 이 새로운 분과를 다음과 같이 정의한다. "미학(자유로운 기예의 이론, 저급한 인식론, 아름다운 사유의 기예, 유사이성의 기예)은 감성적 인식의 학문"(Baumgarten, 2007: § 1)이다. 『형이상학』 및 베른하르트 포페Bernhard Poppe란 인물이 바움가르텐의 미학 강의를 청강한 어느 학생의 필기록을 발굴하여 편집한 문헌인 이른바 『학생 필기록*Kollegnachschrift*』(1907)에서는 또 다른 규정도 발견되는 바, 그에 따르면 미학이란 "미의 형이상학"(Poppe, 1907: § 1) 혹은 "감성적 인식과 표현의 학문"(Baumgarten, 1983b: § 533)이다.

라 번역될 수도 있을 것이다. 하지만 이 새로운 학문에서 바움가르텐이 다루고자 했던 것은 감각과 지각, 감정을 아우르는 감성 영역 뿐 아니라 미와 예술의 영역 전체였다. 안타깝게도 이 모든 영역을 아우를 수 있는 우리말 개념은 없다. 물론 바움가르텐의 저술명은 우리말로 '미학'이라 번역되는 철학의 분과명이 되었으므로, 저술명이나 학문명을 가리킬 경우 'Aesthetica'는 '미학'이라 번역하겠다. 이 말의 독일어 상응어인 'Ästhetik'을 번역할 때도 마찬가지다. 그렇지만 이 독일어의 형용사 형태인 'ästhetisch'를 번역할 때는 문제가 그리 쉽게 해결되지 않는다. 이 형용사는 18세기 이후 오늘날까지 '미적' 혹은 '미학적'이란 의미와 더불어 '감성적'이란 의미를 함축하기 때문이다. 예를 들어 이 단어가 칸트의 『판단력 비판』에 나올 때도 그렇다. 그래서 한국의 일부 칸트 번역자들은 이 단어를 '미적'과 '감성적' 중 하나로 번역하는 대신, '미감적'이라는 다소 부자연스러운 조어를 택하고 있다. 이 입문서에서도 - 칸트 부분 뿐 아니라 - 대개의 경우 이 독일어 형용사를 '미감적'이라 번역하겠다. 물론 문맥에 따라 –특히 실러 미학과 관련해서는- 그냥 '미적'이란 번역하는 경우도 있을 것이다.

이 모든 정의에서 발견되는 개념들은 이 새로운 학문이 포괄하는 범위가 꽤나 넓다는 것을 암시한다. 우선 확인할 수 있는 것은, 1) 이 학문이 '감성적 인식의 학'이 되고자 한다는 점이다. 감성적 인식의 학이란 말은 '하위 인식론' 이란 개념과 곧바로 동의어로 간주될 수 있을 것이다. 감성적 인식에 관여하는 일부 감성적 능력은 볼프에 의해 하위 인식력이라 불렸기 때문이다. 이러한 감성 능력은 일종의 인식활동을 수행한다는 점에서 이성에 유사한 무엇이다. 따라서 이 감성 능력은 '유사이성'이라 불릴 수 있다. 다음으로, 2) 미학은 '아름다운 사유'를 다루는 학문이 되고자 하며, 그런 의미에서 그것은 '미의 형이상학', 즉 미의 학문이다. 그러나 3) 미학은 사유의 대상으로서의 미에만 초점을 맞추는 학문이 아니다. 미학은 '감성적 표현'에 관한 이론도 개진하고자 한다. 다시 말해, 그것은 감성적 내지 아름다운 표현과 관련된 '자유로운 기예'의 학문을 목표한다. 이런 점에서 바움가르텐이 염두에 둔 미학은 오늘날의 개념으로 예술학이란 성격도 갖는다. 이렇게 해서 분명해지는 점은 이 새로운 학문이 최소한 세 가지 이론 영역을 포괄하려 한다는 점이다. 그 3가지 영역은 '감성의 인식론'과 '미의 이론' 그리고 '예술의 이론'이다.

미학이란 학문을 정립하려는 시도에서 바움가르텐은 우선 하위 인식력이란 논제를 비중 있게 다룬다. 하위 인식력이란 인식활동에 관여하는 감성 능력을 일컫는다. 상위 인식력인 지성은 대상과 관련하여 '판명한' 표상을 획득하는 반면, 하위 인식력인 감성은 '혼연한' 표상을 산출한다(Baumgarten, 1983b: § 520). 이런 규정에서 바움가르텐은 라이프니츠-볼프의 표상이론을 충실히 따르고 있다. 하지만 바움가르텐은 결정적인 점에서 이러한 표상이론에서 벗어나는 바, 이 점이 그의 사상이 지닌 혁신적 측면이기도 하다. 바움가르텐은 한편으로 감성적 표상을 지성의 인식보다 낮은 단계에 있는 것으로 규정하지만, 다른 한편으로는 감성적 표상에 인식과는 구분되는 독자성을 부여하려는 경향을 보인다. 그에 따르면, 감성의 표상은 지성의 분석이 개념 획득을 위해 외면하는 대상 징표들에 주목하며, 그렇게 하여 '현상'의 풍요로움을 향유할 수 있게 해준다(박민수, 2015: 77-90).

다음으로, 바움가르텐은 미 개념을 감성적 인식에 근거해서 도출한다. 『형이상학』의 정의를 보면, 미는 "현상인 한에서의 완전성"(Baumgarten, 1983: § 488)이다. 이 정의에 따르면, 미는 감성에 의해 포착 가능한 완전성으로 규정된다. 현상은 그에게서도 감성의 관할영역이기 때문이다. 우선 미를 완전성으로 파악한다는 점에서 바움가르텐의 정의는 라이프니츠-볼프 철학의 틀 내에 머물러 있다. 하지만 위와 같은 미의 정의는 바움가르텐의 색다른 관점을 암시한다. 라이프니츠-볼프 철학에서는 - 고대 및 중세 철학에서와 마찬가지로 - 진·선·미가 모두 완전성으로 정의되며,

세 가지 사이의 구별 기준이 명확하게 제시되지 않는다. 그리고 이러한 완전성은 지성에 의해서야 온전히 파악되는 것으로 사유된다. 감성에 의해 표상된 완전성은 결핍을 지닌 것이다. 이런 입장과 달리, 바움가르텐은 미를 주로 현상의 문제로 이해하려는 경향을 보인다. 이런 경향은 『미학』의 다음과 같은 구절에서도 드러난다. "미학의 목적은 감성적 인식의 완전성 자체이다. 그런데 이것이 바로 미이다"(Baumgarten, 2007: § 14). 요컨대 바움가르텐은 미를 본질적으로 감성적 지각에 의해 매개된 미, "현상에 머무는"(Baumgarten, 2007: § 588) 표상능력인 유사이성에 의해 매개된 미로 이해한다(박민수, 2015: 90-99).

이상에서 알 수 있듯, 바움가르텐은 라이프니즈-볼프에게서 발견되는 감성의 가치절상을 더욱 진전시킨다. 합리론의 인식론적 기준에서도 감성은 엄밀한 의미의 인식을 매개하지 못한다. 감성의 표상은 전적으로 허위나 착오는 아닐지라도 세계의 참모습을 표현하는 것이 아니다. 하지만 바움가르텐에 따르면, 감성의 표상은 지성의 표상이 담지 못하는 풍요로움을 지니고 있다. 감성이 매개하는 표상은 인식이 매개하는 표상보다 못한 것이라기보다 좀 다른 것이다. 만약 엄격한 진리 외에 모든 것을 허위나 착오란 의미의 가상이라 부른다면, 감성이 매개하는 표상은 분명 가상에 불과할 것이다. 그러나 바움가르텐에 따르면 이 가상은 지성의 표상이 미처 담지 못하는 것들을 담고 있다.

물론 바움가르텐은 이런 주장을 수미일관하게 밀고 나갈 수 없다. 그의 사유가 라이프니츠-볼프의 패러다임을 박차고 나오지는 못했기 때문이다.

미에 관한 바움가르텐의 견해와 관련해서도 우리는 비슷한 말을 할 수 있다. 라이프니츠-볼프의 입장에서 보면, 감성에 의해 포착된 (현상의) 미는 결코 온전한 것일 수 없다. 초월적 미에 비해 현상의 미는 가상이란 위상에서 완전히 벗어날 수 없다. 그에 비해 바움가르텐은 인간에게 중요한 미란 현상의 미라는 견해를 넌지시 제시한다. 이러한 관점은 그가 '좁은 의미의 논리적 진리(지성에 의해 파악된 진·선·미)'와 '미감적 진리(감성에 의해 파악된 진·선·미)'를 구별하고, 양자가 서로를 보완할 때야 형이상학적 진리(초월적 진·선·미)에 근접할 수 있다는 주장을 펼칠 때도 암시된다(박민수, 2015: 95-96). 물론 이런 그의 입장 또한 합리론의 기본적 사유 패러다임과 매끄럽게 연결되기는 어렵다.

감성(유사이성, 하위 인식력)의 표상과 그 표상의 하나인 미가 그렇듯, 감성을 주요한 생산 및 수용 매체로 갖는 예술 작품 또한 전통적으로 가상이라 취급되어 왔다. 특히 예술 작품은 모방과 허구에 근거한다는 점에서 그런 평가를 받아 왔다. 바움가르텐에 따르면, 예술 작품의 산출과 향유에서 주요한 기능을 하는 감성 능력은 '상상력phantasia'과 '창작력facultas fingendi'이다(Baumgarten, 1983b: § 558 / § 589). 이런 유사이성들의 산물인 예술 작품은 본질적으로 '허구fictiones', 즉 가상이지만 이는 무가치한 것이 아니다. 이에 관한 바움가르텐의 진술은 『미학』의 30절에서 발견된다.

> 진리에 가장 가까이 있는 사물들뿐 아니라, 가장 엄밀한 의미에서 진실된 대부분의 사물들 자체 또한 다소 넓은 의미의 허구의 도움을 받을 때만 아름답고 감성적으로 사유될 수 있다 (Baumgarten, 2007: § 506).

『미학』의 이 지점에서부터 바움가르텐은 감성적 표상의 진리라는 것을 허구란 개념과 긴밀히 결부시켜 논하기 시작한다. 그는 우선 허구를 두 가지 종류로 나누는데, 이러한 구분은 아리스토텔레스가 제시한 비극과 역사의 대비에서 착안된 것이다. 제30절과 제31절에서 바움가르텐은 '역사적 허구'와 '시적 허구'를 구분하는데, 그가 이 두 가지를 구별하는 논리는 대략 이렇다. 우선 역사적 허구를 보면, 역사서술자는 지나간 일을 기록하지만 오래 전의 일을 전부 알 수는 없으므로 많은 부분에서 허구에 의존해야 한다. 하지만 이러한 허구는 이 세계에서 일어날 만하다는 범위에서 벗어나지 않는다. 그에 비해 시인의 허구는 이 세계에서 일어날 수 없지만 다른 세계에서라면 있을 수 있는 사건을 제시한다. 이 세계에서 재료를 취한 허구는 서술된 사건이 허구인지 사실인지 분명치 않더라도 역사적이라 불린다. 왜냐하면 그런 허구는 이 세계에서 충분히 일어날 수 있는 것이기 때문이다(Baumgarten, 2007: § 509). 그에 비해 시적 허구는 "이를테면 새로운 세계를 창조하듯"(Baumgarten, 2007: § 511) 이 세계에서는 일어나지 않을 사건들을 묘사한다. 바움가르텐은 다음과 같은 예를 들어 이 두 가지 허구의 구별을 돕는다.

> 『아이네이스』 제1권에서 제우스의 노여움은 시적 허구이고, 폭풍은 역사적 허구이다. 바다를 진정시키는 신 포세이돈은 시적 허구이다. 트로이 사람들의 아프리카 상륙은 역사적 허구이다. (...) 제우스와 비너스와 신의 사도 헤르메스 사이의 대화는 시적 허구이다(Baumgarten, 2007: § 512).

바움가르텐은 이미 『시의 몇 가지 조건들에 관한 철학적 성찰』에서도 이런 두 가지 허구의 구별을 시도한 바 있다. 이 저작에서 역사적 허구에 상응하는 개념은 '참된 허구'이고, 시적 허구에 상응하는 개념은 일차적으로 '허구'이다. 하지만 바움가르텐은 이 '허구'를 다시 두 가지로 구분하여 그 중 하나만을 시적 허구로 인정한다.

> 표상의 대상들은 기존 세계에서 가능한 것과 불가능한 것 둘 중의 하나이다. 후자는 허구라 불릴 수 있고, 전자는 참된 허구라 불릴 수 있을 것이다(Baumgarten, 1983a: § 51).

> 허구의 대상은 오로지 현존 세계에서만 불가능한 것과 모든 가능적 세계에서 불가능한 것 둘 중의 하나이다. 후자를 우리는 '무세계적utopica'이라 부를 것이다. 그것들은 절대적으로 불가능하다. 전자를 우리는 '타세계적heterocosmica'이라 부를 것이다. 따라서 무세계적 표상의 부류에서 나온 표상은 모호한 표상으로 주어지지 않고 시적 표상으로도 주어지지 않는다(Baumgarten, 1983a: § 52).

『미학』과 『시의 몇 가지 조건들에 관한 철학적 성찰』의 진술을 종합해 본다면 이렇다. 바움가르텐에게 시적 허구란 이 세계가 아닌 다른 세계에서나 일어날 법한 사건을 다루는 것이지 그 어느 세계에서도 일어날 수 없는 사건을 다루는 것이 아니다. 그렇다면 이 두 가지는 어떻게 구분되는가?

여기서 우리가 생각해야 할 것은, '현세계적'과 '타세계적' 그리고 '무세계적'이라는 바움가르텐의 구분이 라이프니츠의 세계관에 근거한다는 점이다. 라이프니츠에 따르면, 이 세계는 '가능한 최고의 질서와 결합된 가능한 최대의 다양성'이 실현되도록 신이 마련한 세계, 간단히 말해 '모든 가능한 세계 중 최선의 세계'이다. 그런데 라이프니츠의 견해는 후대 사상가들로 하여금 최고나 최선, 최대는 아닐지라도 어떤 식으로든 완전성이 구현되는 다른 가능성을 생각해 보는 것을 정당화시켜 주었다. 신은 이 세계뿐 아니라 다른 형태의 완전한 세계도 창조할 수 있으므로 그에 관해 성찰하는 것 역시 부당한 일이 아니라고 생각되었던 것이다. 바움가르텐을 비롯한 18세기 전반의 사상가들은 바로 이런 관념에서 상상력이나 허구의 정당성을 끌어내곤 했다. 그런데 여기서 중요한 점은 그런 타세계에도 신의 근본적 원리, 즉 질서 내지 완전성이 실현되어야 한다는 것이었다. 『학생 필기록』에서 확인되는 바움가르텐의 견해는 이렇다.

> 형이상학에서 알려진 대로, 현재적 세계는 신이 창조할 수 있는 최상의 세계이다. 사물들의 다른 어떤 연관이 여전히 좋다고 한다면, 그것은 현재적 맥락으로부터 모든 점에서 벗어나서는 안 되고 많은 부분에서 그 맥락에 닿아야 한다. 즉 아름다운 정신이 다른 가능적 세계로 들어선다면, 그 세계는 모든 부분들에서 새로울 수는 없고 일정 부분들은 이 세계와 같아야 한다(Poppe, 1907: § 592).

시적 허구에도 질서는 있어야 하며, 지나치게 기괴하거나 상식을 벗어난 상상의 방종은 금지된다. 그런 방종은 무세계적 허구를 낳으며, 바움가르텐이 볼 때 그것은 전혀 아름다운 것이 아니다. 물론 이런 견해는 오늘날의 관점에서 보면 상당히 보수적이고 제한적인 것으로 여겨질 만한 점도 지니고 있다. 바움가르텐에게 동물들이 등장하여 사람처럼 행동하는 우화fabule는 타세계적 허구이며 따라서 시적 허구이지만(Baumgarten, 2007: §§ 526-638), 그리스·로마 신화에서 제우스가 성적 방종을 일삼는 장면들은 타세계적 허구라고 비판받을 만한 것이다(Poppe, 1907: § 592). 이를테면 그것은 윤리적 측면에서 신의 조화로운 질서에 어긋나는 허구이다.

아무튼 바움가르텐에게서 미의 고안과 표현을 위해 선호되는 허구는 타세계적인 것이다. 그는 『미학』에서 이런 허구의 영역을 "시인의 세계"(Baumgarten, 2007: § 513)라고 부른다. 따라서 "타세계적 사물들"(Baumgarten, 2007: § 566)에 관한 생각이야말로 시적인 종류의 사유이며, 예술작품에서 현출하는 진리는 "타세계적 진리"(Baumgarten, 2007: § 441)라 불린다. 예술가의 세계에서는 실재와의 합치가 진리의 척도로 간주되지 않는다. 예술이 매개하는 인식은 실재의 인식과는 근본적으로 다른 성질을 지닌다. 예술 일반은 어떤 비존재자의 감성적 현출이며, 이런 의미에서 그것은 본질적으로 가상이다. 그렇지만 이 가상이 착각이나 거짓말과 동일시되어서는 안 된다는 점을 바움가르텐은 아우구스티누스를 인용하여 강조한다.

> 누군가 이런 반론을 펼칠 수도 있을 것이다. '당신은 이 허구들이 거짓말임을 인정할 것이다.' 당신은 이런 허구들이 거짓말이라는 것을 인정할 것이라며 반박하는 사람도 있을 것이다. (...)

> 아마도 내가 대답하기보다는 다음과 같은 성 아우구스티누스의 말로 답변하는 것이 더 나을 것이다. 우리가 허구로 지어내는 모든 것이 거짓말은 아니며, 우리가 아무 의미도 없는 어떤 것을 (...) 고안해 낸다면 그것이 거짓말이다. 하지만 우리가 허구로 지어낸 것이 그 어떤 의미에 결부된다면(그리하여 비교적 고찰될 만하고 그에 대한 표상이 충분히 가치 있는 무엇에서 우리가 어떤 확실한 진리를 완전하게 표현할 수는 없다 할지라도 적어도 불완전하게 표현할 수는 있으며, 지고한 진리들 중 어떤 것을 현시할 수는 없을지라도 순수한 마음과 순수한 손으로 그런 진리들과 가까운 어떤 진리를 현시할 수 있다면), 그것은 거짓말이 아니라 진리의 한 형태이다(Baumgarten, 2007: § 525 - 강조는 원문에 근거함).

예술 작품은 본질적으로는 가상이지만 모종의 진리가치를 갖는다. 그것들에는 미의 근본적 규정인 완전성이 부여될 수 있기 때문이다. 따라서 인간에 의해 산출된 감성적으로 아름다운 허구, 즉 예술의 가상은 진리의 영역인 것으로 평가된다.

지금까지의 설명을 간단히 요약하자면 이렇다. 바움가르텐은 감성적 인식은 지성의 논리적 인식보다 못한 것일 수도 있지만 그만의 특별한 인식가치를 지닐 수도 있다고 말한다. 이러한 '유사인식'을 낳는 감성 능력을 그는 유사이성이라고도 부른다. 유사이성은 지성과 달리 현상과만 관계하는 인간의 능력이다. 이어서 바움가르텐은 미를 현상에서의 완전성이라 정의한다. 이러한 완전성은 현상의 능력인 유사이성에 의해서만 매개될 수 있다. 현상의 완전성으로서의 미는 완전성의 가상 혹은 가상적 완전성의 성격을 갖는 바, 이는 자연에서 발견될 수도 있지만 예술작품으로 표현될 수도 있다. 예술작품은 타세계적인 것, 즉 허구를 구성하는 감성 활동의 객관적 결과물이다.

이렇듯 바움가르텐의 미학은 라이프니츠-볼프의 합리론적 형이상학에서 출발했음에도 불구하고 이에 혁신을 가져올 만한 주장을 내포하고 있다. 그렇지만 그의 이러한 견해가 수미일관하게 관철될 수 있으려면 합리론의 틀을 벗어나야만 했다. 지성과 감성을 엄격히 구별하고 감성을 저급한 '인식' 능력으로만 간주하는 합리론의 틀은 바움가르텐의 미학적 사유가 맘껏 전개될 수 있는 공간이 아니었기 때문이다. 그렇기에 바움가르텐의 미학 사상에서는 그 어떤 머뭇거림이 눈에 띈다. 그는 멀리 나아가고자 하지만 생각만큼 멀리 가지는 못하며 그렇다고 주저앉아버리지도 못한다. 그런 머뭇거림은 람베르트나 비판철학 이전의 칸트가 개진한 미학 사상에서도 발견된다. 두 사람의 머뭇거림은 근본적으로 바움가르텐의 그것과 다른 것이 아니다. 하지만 람베르트와 칸트가 각기 표현한 사상적 내용에는 나름의 독창성이 없을 수 없다. 이제 그 독창적 측면이 무엇인지 살펴보기로 하자.

3. 람베르트

요한 하인리히 람베르트Johann Heinrich Lambert(1728-1777)는 철학사에서 거의 알려지지 않은 인물이다. 간혹 철학사에서 등장한다 해도 '현상학Phänomenologie'이란 학문명의 창시자란 정도의 언급이 있을 뿐이다. 하지만 람베르트는 칸트의 비판철학 형성에 얼마간 영향을 끼칠 만큼 혁신적 측면을 지닌 사상가였다. 그는 합리론의 틀 내에 머물면서도 그 한계를 극복하려 애쓴 철학자였다. 칸트도 원래는 합리론의 철학자였으나 경험론의 영향을 받으면서 합리론의 사유방식에 회의를 느끼기 시작했다. 칸트는 비판철학을 전개하기 이전인 '위대한 침묵의 10년' 동안 람베르트와 몇 차례 편지를 나누었고, 두 사람은 합리론에 대한 문제의식을 상당부분 공유할 수 있었다(Ishikawa, 1991: 535-545). 한때 칸트는 비판철학의 시대를 개시한 자신의 저작 『순수이성비판*Kritik der reinen Vernunft*』(1781)을 람베르트에게 헌정할 계획을 품기도 했다(Peters, 1968: 453).

철학자로서 람베르트의 사유는 근본적으로 독일 합리론의 영향 아래 있었지만, 자연연구가로서 그는 경험과 관찰 및 실험을 중요시했다. 또한 그는 경험론적 저작들의 독서를 통해 합리론의 한계를 인지했고 이를 극복하기를 원했다(Ueberweg, 1924: 463). 그의 이러한 사상적 특징은 『새로운 기관, 또는 진리를 연구하기와 명시하기 및 오류와 가상으로부터 구분 짓기에 관한 사상*Neues Organon oder Gedanken über die Erforschung und Bezeichnung des Wahren und dessen Unterscheidung vom Irrtum und Schein*』(1764)(이하 『새로운 기관』으로 줄여 표기함)에서 가장 분명하게 표현된다. 이 저작 중 우리가 특히 눈여겨볼만한 부분은 제4부인 '현상학'이다. 여기서 감성의 인식역량에 대한 검토가 집중적으로 이뤄지며, 이를 통해 진리와 존재의 상대개념으로서 가상의 가치절상이 의도되고 있는 까닭이다. 더 나아가 '현상학'에서는 예술의 본질이 가상으로 규정되는 가운데 이 가상의 인식가치 또한 긍정적으로 평가되고 있다. 이 점에서 람베르트는 라이프니츠에서 발원하여 볼프를 거쳐 바움가르텐으로 이어지는 사유의 발전 노선 위에 있다.

'현상학'에서 개진되는 가상의 이론을 좀 더 분명히 이해하려면 사유와 인식 전반에 관한 람베르트에 견해를 먼저 파악할 필요가 있다. 그의 견해에 따르면, 논리적 연역과 추론에만 의존하는 정합성과 무모순성은 진리의 필요조건일 뿐 충분조건이 아니다. 논리적 진리는 물질세계의 경험으로 보완되어야 하며, 이런 보완은 인간 인식에 필수적이다. 요컨대 진리 획득을 위해서는 '사유하는 주체'라는 근원 외에 - 사유에 대해 외적이며, 그 인식을 위해 감성적 포착이 필요한 - 현실적·물질적 토대라는 근원이 전제되어야 한다(카시러, 1995: 180-181). 이러한 인식구상을 전개한 저작이 바로 『새로운 기관』으로, 이 저작은 크게 네 부분으로 나뉜다.

제1부인 '논리학Dianoiologie'에서는 올바른 사유를 전개하기 위한 형식논리학의 법칙을 다룬다. 그러나 람베르트는 논리적 법칙만으로는 인식이 성립되기 어렵고 감성적 경험이 인식의 토대와 확장을 위해 불가피하다는 견해도 덧붙인다(Lambert, 1990: § 551). 또한 그는 일상의 경험과 관찰 그리고 실험에 관해서도 상세히 설명하여 영국 경험론의 영향 또한 감지케 한다(Lambert, 1990: § 557-558). 하지만 근본적으로 람베르트는 감성에 대한 지성의 우위라는 입장을 떠나지는 않으며 경험으로만 이뤄진 인식의 가치는 그다지 높게 평가하지 않는다. 나아가 람베르트에게서는 지성과 감성적 경험의 상호협력이 어떻게 규정되어야 하는가에 관한 정확한 답변도 없다(이 관계의 설득력 있는 규정은 칸트의 비판철학에서야 제시될 것이다). 『새로운 기관』의 제2부인 '진리론Alethiologie'에서는 인식을 구성하는 단순한 요소들과 그 정합적 관계가 논의되며, 제3부인 '기호학Semiotik'에서는 사상적 내용과 이를 표현하는 언어 기호의 관계가 분석된다. 마지막 제4부인 '현상학'은 앞서 말했듯 가상의 이론을 담고 있다.

람베르트에 따르면 현상학은 감성적 인식을 대상으로 하며, 그 목적은 가상의 진리 측면을 드러내는 데 있다. 이때 그가 말하는 가상, 즉 'Schein'은 이 책의 서두에서 소개한 세 가지 의미 층위를 모든 지닌 개념이다. 즉 그것은 '감성에 의해 포착되는 것'이란 의미와 '착오 내지 허위'란 의미 그리고 '현상, 현상세계, 경험세계'라는 의미를 모두 함축한다. 이 세 가지 의미 층위는 공통적으로 진리 내지 본질이 아직 이닌 것이란 함의를 지닌다. 람베르트가 '논리학'에서 말하듯, 감성적 경험 내지 현상으로 드러난 것은 지성과 결합되지 않는 한 온전한 인식으로 올라설 수 없다. 하지만 지성은 이런 경험 자료 내지 현상과 결합할 때만 유의미한 사유를 전개한다. 그렇다면 감성적 경험 내지 현상을 그 자체로 무시할 것이 아니라, 이를 올바른 진리로 이끄는 학문이 제시되어야 할 것이다(Lambert, 1990: X). 람베르트에 따르면 그 학문이 바로 자신의 '현상학'이다. 달리 말해, 그는 - 바움가르텐과 유사하게 - 가상의 고유한 논리학을 정립하여 기존 인식론을 보완하려 한다(Ferry, 1992: 327).

'감성에 의한 포착'은 '현상'을 낳는 것이기도 하고 '환영이나 착각'을 산출하는 것이기도 하다. 플라톤이나 데카르트는 감성 자체를 인식능력으로 인정하지 않았고 현상을 환영과 동일시해버렸다. 하지만 감성을 일종의 인식능력으로 이해하는 람베르트의 관점은 다르다. 물론 그 역시 일단은 감성에 의해 포착된 사태로서의 '현상'과 감성의 허약함에 근거하는 '환영, 허위, 착각'을 구분한다. 현상이란 의미의 가상은 현실 내지 실재와 대립된 것이 아닌 반면, 환영이나 착각 등의 의미를 지닌 가상은 우리를 현실 내지 실재와 떼어놓는 무엇이다(Ferry, 1992: 327).

그렇지만 람베르트에 따르면, 환영이나 착각도 인식에서 철저히 배제되어야 할 요소는 아니다. 인간의 감성 내지 감각과 결부된 모든 가상은 - 현상으로서의 가상이건 환영·착각으로서의 가상이건 - 우리가 실재에 접근할 수 있는 유일한 통로이기 때문이다. 이미 '논리학'에서 주장되었듯, 인간의 모든 인식은 감성 내지 감각에 결부되지 않을 수 없다. 인식이란 감성 내지 감각을 매개로 해서 형성된 실재와 우리 인간 사이의 관계이다. 이렇게 본다면, 진리 아니면 거짓이란 식의 양자택일은 우리 인식의 상황을 올바르게 반영하지 못하는 태도이다. 우리는 매순간 진리와 거짓을 구분할 수 있는 것이 아니며, 대개는 모호한 상황 속에서 잠정적 판단을 내린다. 그 모호한 상황의 잠정적 판단이 바로 가상이다. 즉 진리와 거짓 말고도 "우리 인식에는 (...) 가상이라 불리는 중간자 또한"(Lambert, 1990: § 1) 있다. 따라서 가상을 간단히 무시해버리면 올바른 인식의 획득도 어려워진다. 오히려 인간의 과제는 "가상을 통해 진리에 다다르는"(Lambert, 1990: § 33) 것에 있다.

이를 위해 람베르트는 우선 가상의 세 가지 근원을 구별한다. 그에 따르면, 가상은 주관적이거나 상대적이거나 객관적이다(Lambert, 1990: § 23). '객관적' 가상은 객체 자체의 어떤 변화에 의해 야기되며, '주관적' 가상은 주체의 인식능력의 작용으로 야기된다. 그렇지만 현실에서 가상의 이 두 가지 근원은 결코 분리되지 않는다. 주관적 가상만으로는 "꿈이나 망상 혹은 공허한 상상"을 낳을 것이며, 객관적 가상만으로는 "그저 가능성"에 그칠 것이고, "사유하는 존재가 없다면 그 가상에는 언제나 그것을 가상으로 만드는 것이 결여될 것이다"(Lambert, 1990: § 31). 가상이란 대개 객체와 주체 사이의 관계에서 생성되는 바, 람베르트는 이를 '상대적' 가상이라 칭한다(Lambert, 1990: § 31).

이처럼 가상은 원칙상 세 가지 종류라고 사유될 수 있다. 그렇지만 가상은 어디까지나 주관이 개입할 때만 발생한다. 즉 객체만으로는 가상이란 개념이 성립될 수 없다. 따라서 엄격히 보자면 가상에는 주관적인 것과 상대적인 것 두 종류만 있다고 말할 수 있다. 이 두 종류를 람베르트는 각각 "병리적pathologisch" 내지 "유기적organisch"인 것과 "물리적physisch"인 것이라 지칭하기도 한다(Lambert, 1990: § 20). 병리적 내지 유기적 가상은 환상이나 정신착란처럼 그 어떤 외적 대상과도 결부되지 않은 채 산출되는 가상이다. 반면 물리적 가상은 외적 대상에 근원이 있으며, 따라서 완전히 주관적일 수는 없는 가상을 말한다.

람베르트는 병리적·유기적이거나 물리적인 가상을 한데 묶어 다시금 다섯 가지로 분류한다. 그에 따르면, 모든 가상은 도덕적moralisch이거나 심리학적psychologisch, 해석학적hermeneutisch, 기호학적semiotisch 또는 관념론적

idealistisch이다. '도덕적' 가상이란 다양한 "정념에서 유래하는 가상"(Lambert, 1990: § 22)을 말한다. 기쁨이나 슬픔, 공포, 분노, 사랑, 증오 등의 다양한 감정양태를 말하는 정념은 "사물들을 원래와 다르게 표상케 하는 원인, 따라서 우리를 착각과 가상에 속게 하는 다양한 원인"(Lambert, 1990: § 17)이다. '심리학적' 가상은 의식이 아주 분명치 못한 상태에서 상상력이 개입할 때 발생한다(Lambert, 1990: § 21). 상상력은 "일체 *망상*과 *환상*, *공허한 꿈*과 *상상*의 원천이다. 상상력은 감각이 야기한 가상을 참된 것과 구분하지 않으며 양자를 합쳐 (...) 어떤 상을 만들어" 내며, 그런 "상을 매번 완전한 것으로 보이게 한다"(Lambert, 1990: § 15 - 이하 모든 강조는 원문에 근거함). 이상 두 가지 가상은 주관의 감성 작용과 분명 연관이 있다.

하지만 나머지 3가지 가상의 원천은 감성이 아닌 주관의 지성 작용에 기인한다는 점에서 특색이 있다. 즉 람베르트는 '허위, 착오'란 의미의 가상은 지성 자체에서 유래할 수도 있다는 점을 부각시킨다(이 점은 이미 아리스토텔레스도 지적한 바 있다). '해석학적 가상'은 "다른 사람의 기호나 언술 및 글"(Lambert, 1990: § 32)을 잘못 해석할 때 발생하는 착오를 뜻하며, 기호학적 가상은 기호, 특히 언어의 문제적인 사용, 즉 사유를 표현하는 방식의 오류에서 발생하는 가상을 말한다. 이런 가상을 발생시키는 문제적 기호로 그가 들고 있는 사례는 알레고리나 은유의 등의 비유 또는 지나치게 함축적이고 다의적인 표현이다(Lambert, 1990: § 32). 마지막으로, '관념론적' 가상이란 인식에서 감성적 경험의 요소를 철저히 배제하는 사유방식에서 비롯되는 오류를 가리킨다. 람베르트에 따르면, "물질세계 전반을 한갓 가상"(Lambert, 1990: § 9)으로 생각하는 것이야말로 가상이다. 그에 따르면, 플라톤이나 데카르트의 사유는 중대한 관념론적 가상을 내포하고 있다.

『현상학』은 대략 이렇게 분류된 가상에 관한 상세한 설명으로 이뤄진다. 그 자세한 내용에 관한 소개는 여기서 필요하다고 생각되지 않는다. 그보다 더 관심을 끄는 것은 이 저작의 서두에서 람베르트가 개진하는 방법론적 고찰이다. 그에 의하면, 가상의 학문을 정립해 나가는 과정에서 방법적 모델이 되어야 할 것은 근대의 '광학Optik'이다. 주지하듯, 광학이란 빛의 성질과 현상을 연구하는 학문이다. 15-16세기 자연과학혁명의 일환으로 시작된 이 학문은 망원경 등의 도구를 사용한 엄정한 관찰을 통해 상당한 진전을 보여 온 것이 사실이다. 람베르트에 따르면, 가상이란 말은 '본다'는 뜻의 'sehen'이나 'schauen'에서 유래한 것으로, 애초부터 시각과 깊은 관련이 있는 용어이다. 시각과 연관을 지녔던 말이 형이상학과 인식론의 개념으로 확장된 것이다. 그런데 물리적인 시각에 관한 학문, 즉 물리적인 '빛남'과 '보임'에 관한 학문은 당대에 이르러 광학이란 형태로 정립된 반면, 형이상학과 인식론 분야에서는 가상에 관한 본격적인 학문이 아직 정립되지 못했다. 따라서 이제 이 분야에서 추구되어야 할 것은 이를테면 "초험적 광학 transzendente Optik"(Lambert, 1990: § 4)이라 할 수 있다.

> *가상*의 개념은 단어에서나 그 최초 근원에서나 눈 혹은 보기에서 유래하고, 단계적으로 여타 감각과 구상력으로 연장되었으며, 이렇게 해서 동시에 좀 더 보편적이 되었고, 부분적으로는 다의적으로도 되었다. 그에 반해 가상의 이론은 - 우리가 어떤 완전한 것을 요구하는 한 - 지금까지 거의 전혀 *시야*에 들어오지 못한 상태에 있었다. 사실 눈 역시 다양한 소재를 가상으로 만들며, 눈의 구조는 더 단순하고, 빛의 길들은 더 잘 알려져 있으며, 따라서 보기의 이론을 올바르고 유용한 근거들에 올려놓아 수학적 학문들을 더욱 풍요롭게 할 가능성이 좀 더 가까이 다가왔다. 게다가 광학 혹은 보기의 기술Sehkunst은 겉보기의 하늘 형상으로부터 세계구조의 참된 상황을 추론해내야 했던 천문학자들에게 너무나 불가결한 것이어서, 이들은 이미 아주 오래 전부터 중요한 광학명제들을 밝혀내고 적용해 왔다(Lambert, 1990: § 2).

물리적 가상의 원리를 밝혀내는 학문인 광학이 생겨난 것처럼, 인식론의 가상을 올바르게 다루는 학문인 '초험적 광학'이 수립되어야 한다. 람베르트 자신의 현상학은 이 학문의 수립으로 나아가기 위한 일보이다(Lambert, 1990: §§

2-5). 여기서 '초험적'이란 개념은 현상(가상)적 경험을 넘어선다는 뜻이 물론 아니다. 이 말은 그저 '개별적인 것을 넘어선다'는 의미, 즉 "보편적, 추상적"(Lambert, 1990: § 102) 정도의 뜻을 갖는다. 다시 말해, 형이상학이 개별적 사태를 넘어서 존재의 추상적이고 일반적인 원리를 논하는 것이듯, 초험적 광학이라는 것은 시각작용과 관련된 가상을 포함해서 가상 일반에 관한 원리를 제시하는 학문을 가리킨다.

그런데 람베르트는 이 초험적 광학의 구상을 이제 예술에 관한 논의와도 연결시킨다. 이때 그는 예술이란 허구나 모방이란 의미에서 가상이라는 전통적 관점을 아무런 이의 없이 수용한다. 그리고 예술적 가상의 학에 대해 이제 '초험적 원근법transzendente Perspektive'이란 명칭을 부여한다. 이때의 초험적이란 말 또한 '추상적·보편적'이란 의미만을 함축한다. 그렇다면 예술적 가상의 이론을 하필이면 원근법과 연관 짓는 까닭은 무엇인가? 이는 광학과 원근법 사이의 관계를 생각하면 이해할 수 있는 일이다. 주지하듯 르네상스 회화에서 발명된 원근법이란 평면의 상을 입체로서 착시하게 하는 기법이다. 그리고 이 기법은 광학의 발전에 의해 사물이 우리에게 나타나는 원리가 파악되는 과정이 선행했기에 탄생한 것이다. 독일의 사상가 한스 블루멘베르크Hans Blumenberg는 이렇게 말한다.

이론적 원근법에서 관건이 되는 것은 착각의 역학을 통찰하여

> 착각을 산출하는 것이다. 반면 우주론은 창을 거꾸로 돌려 우리가 위치한 장소에서 그리고 우주 안의 우리 운동에서 빠지게 되는 착각을 탐구하는 데 그런 지식을 이용한다. 가상의 기술적 제작가능성, 즉 원근법으로 광학의 전환은 현상에 대한 투시를 더욱 용이하게 해주었다(Blumenberg, 1985: 620).

원근법은 광학에 의해 밝혀진 시각의 원리를 예술적 가상의 제작 기법으로 전환시킨 것이다. 그렇다면 광학의 방법론을 추상화하고 일반화한 '초험적 광학'이 가능하듯, 회화에서 발전한 시각적 가상의 제작원리를 예술 일반의 제작 원리로 추상화하고 일반화하는 것도 가능할 것이다(Lambert, 1990: § 4 및 § 266). 그것이 바로 "현실의 환영Illusion을 산출하는 예술"(Ferry, 1992: 77)의 일반원리인 '초험적 원근법'이다.

이처럼 람베르트는 회화에 국한되었던 원근법의 이론을 보편화하여 예술 분야 전체에 적용하면 예술 일반에 관한 이론의 창출이 가능할 것이라고 본다. 하지만 원근법을 보편화·추상화한다는 것은 무엇을 뜻하는가? 이 물음과 관련해 람베르트가 표명하는 생각은 당대의 일반적 견해들과 비교해 볼 때 그다지 새로운 내용을 담고 있지는 않다. 람베르트의 생각에도 예술이란 모두가 자연의 모방이다. 그리고 이때의 모방은 아리스토텔레스에게서처럼 자연적 생산의 모방이라는 심오한 의미를 담고 있지는 않다.

차라리 그것은 허구적 복제란 의미에서 플라톤이 말한 가상의 산출에 가깝다. 그런데 람베르트와 그의 동시대인들의 생각에 따르면, 모방의 작품, 즉 예술 작품은 제작자가 적절한 규칙을 습득하고 이를 적용할 때만 제대로 완성될 수 있다(당대 합리론 미학이 공통적으로 지녔던 이런 견해들 흔히 '규칙시학' 혹은 '규칙미학'이라 부른다). 여기서 적절한 규칙들이란 근대 초기 아리스토텔레스 시학의 재해석을 통해 제시된 '연극의 3일치'(시간·장소·플롯의 일치) 같은 것을 말한다. 람베르트에 따르면, '연극의 3일치'처럼 여러 예술 분야에서 제안되는 규칙들이란 모두 예술적 가상의 창출을 위한 것들이다. 즉 그런 규칙들이란 원근법과 마찬가지로 예술수용자가 실제 사건이 아닌 것을 실제인 것처럼 착각하게 만드는 데 기여한다.

> *연극*은 우리에게 보편적 원근법의 상당한 부분을 구성해 준다. 연극은 각 부분이 사태 자체를 눈앞에 정확히 제시하는 것 같을수록 모든 의도에서 더욱 완전해지기 때문이다. 아주 짧은 시간과 상당히 한정된 공간으로 제약되어 있는 탓에, 세상에서 일어나는 일에 대한 그러한 모방이 완전히 가능하지는 않다. 그렇기 때문에 *관객이 무엇을 봐야 하는가, 혹은 무엇을 서사적으로 지각해야 하는가*라는 물음은 - 적어도 상연에서 지나치게 부자연스러운 것을 피하고자 한다면 - 연극의 의도와 관련해서 중요성이 작지 않다. 그럴 것이 가상에서 부자연스러운 점이 조금이라

도 나타나면 관객을 주제에 강하게 주목시킬 수 없게 될 것이기 (...) 때문이다(Lambert, 1990: § 269).

연극 뿐 아니라 모든 예술은 가상의 산출을 위해 다양한 규칙을 동원하는데, 람베르트는 이 모든 것을 일종의 원근법이라 부를 수 있다고 주장한다. 예를 들어 연극에서 다른 사람을 모방하는 배우의 연기도 일종의 원근법이다(Lambert, 1990: § 270). 이런 원근법들은 회화의 원근법을 넘어 모든 예술 활동에서 적용되는 것이므로 '초험적 원근법' 내지 '보편적 원근법'이란 명칭 아래 포괄될 수 있다는 것이 그의 생각이다.

람베르트에 따르면 시예술Dichtkunst, 즉 문학작품을 짓는 기술 또한 초험적 원근법에 속한다. "시예술은 주로 우리에게 사물들을 가상적으로 그려 보여주는 데 (...) 힘을 쏟기"(Lambert, 1990: § 274) 때문이다. 바움가르텐과 마찬가지로 람베르트는 시예술에 근간이 되는 능력은 저급한 인식력인 감성이며, 개중 상상력이 가장 중요한 역할을 한다고 말한다(Lambert, 1990: § 285 및 § 288). 이런 시예술은 수용자의 감성을 움직여 그 어떤 진리를 깨닫게 하거나 선악의 구별 또한 감지케 할 수 있다(Lambert, 1990: § 275). 물론 시예술은 절대적 진리나 가치를 표현할 수 있는 것이 아니다. 시인은 지성보다 상상력에 의지하기에 "진리와 참된 선을 정확하게"(Lambert, 1990: § 275) 고찰할 수 없기 때문이다. 그렇지만 시인은 지성이 모자랄지라도 감성능력은 살아 있는 사람들로 하여금 진리에 다가가도록 도울 수 있다. 시인은 진리에 "옷을 입히며, 그렇게 해서 세계지혜를 정확하고 심오한 탐구의 방식으로 좇아갈 여유나 능력이 없는 사람들 또한 파악할 수 있게 해준다"(Lambert, 1990: § 275). 시예술의 산물은 말하자면 진리와 선의 인식을 위한 보조도구가 될 수 있다. 지성과 선을 지성으로 파악하려면 쓰디쓴 노력이 필요하다. 하지만 시예술의 산물은 많은 노력 없이도 진리를 감지케 한다. 이런 역할을 맡을 수 있는 시예술을 두고서 당대 합리론의 영향을 받은 사상가들은 '당의정'이란 표현을 쓰곤 했다. 쓰디쓴 약(진리)을 달콤한 껍질(예술적 가상)로 싸서 삼키기 쉽게 만들기, 이런 것이 바로 초험적 원근법의 하나로서 시예술의 기능이다.

시예술의 산물뿐 아니라 회화 등의 모든 예술작품이 지닌 기능은 당대인들에게 이런 것이었다. 하지만 독일 합리론 미학의 특징은 한편으로 예술 일반을 저급한 차원의 '인식 형식'으로 간주하면서, 다른 한편으로 예술의 영역을 자율적이라 불릴 만한 것으로 정립하려 애썼다는 점이다. 이 점은 앞서 논한 바움가르텐 뿐 아니라 다음에 논할 합리론 시대의 칸트에게서도 확인된다. 람베르트의 경우에는 무엇보다 시예술이 지닌 두 가지 독자적인 측면에 주목했다. 먼저 시예술은 학문의 언어와는 다른 언어를 구사하며, 이

점이 시예술의 고유한 특성으로 인정을 받아야 한다. 학문의 언어는 "모든 것에 정확한 명칭을 부여하고 가상을 가상으로, 진리를 진리로 전유"하려 애쓰는 반면, "시인은 사물들의 고유한 명칭만으로 만족할 수가 없고, 사안이 표상될 때의 측면들을 우리에게 아주 선명히 보여주기 위해 사물들의 묘사에 더욱 생생한 기운을 부여할 수밖에 없다"(Lambert, 1990: § 274). 다음으로 시인은 "독자의 마음을 폭풍처럼 사로잡는"(Lambert, 1990: § 281) 감정능력을 지녔다는 점에서 비범함을 인정받을 수 있다.

그러나 람베르트에게서도 감성능력을 일종의 인식능력으로 절상시키는 가운데 감성적 가상의 인식가치를 인정하는 논증과 예술에 대해 진리와 구별되는 탁월한 지위를 부여하려는 논증은 매끄럽게 연결되지 못한다. 예술 작품을 하위 인식능력과 연결시켜 저급한 인식도구로 규정하는 동시에 예술의 자율성을 인정하기란 사실상 불가능한 일이다. 람베르트도 두 가지 논증의 절충 이상으로는 나아가지 못했다. 그렇지만 람베르트의 '현상학'은 예술의 본질을 아주 명백히 'Schein'으로 규정하고 논한 최초의 텍스트라는 점에서 의의를 갖는다. 람베르트 이후로 근대 독일 미학에서는 '예술 = 가상'이라는 공식이 아주 일반적인 것이 되어버린다. 『새로운 기관』이 출간되고 5년 후, 독일의 사상가 요한 고트프리트 헤르더Johann Gottfried Herder(1744-1803)는 "오직 현상일 뿐인 가시적 아름다움"의 학문을 최초 정립한 람베르트의 공적을 인정하고는, "미감적 현상학"을 발전시킬 "제2의 람베르트"가 어서 등장하기를 기대한다고 말했다(Herder, 1993: 334-335). 헤르더가 기대한 '미학적 현상학'의 한 가지 완성 형태를 우리는 칸트의 『판단력 비판*Kritik der Urteilskraft*』(1890)에서 발견하게 될 것이다. 하지만 우선은 비판철학 이전에 칸트가 보여준 미와 예술에 관한 견해는 어떤 것이었는지 알아보기로 하자.

4. 칸트 (비판철학 이전)

이마누엘 칸트Immanuel Kant(1724-1804)는 비판철학의 독자적 체계를 세우기 전까지는 독일 합리론의 궤도에서 사유했던 철학자이다. 그러나 합리론의 한계를 깨달은 후부터 그는 기나긴 탐색의 시기로 진입한다. 이른바 '위대한 침묵의 10년'이다. 칸트 자신이 밝히듯 이 침묵이 시작되는 해는 1769년이다(Frank/Zanetti, 2001: 919). 칸트가 이 해를 전후한 시기에 미와 예술에 관해 쓴 논저로는 『미와 숭고의 감정에 관한 관찰들*Beobachtungen über das Gefühl des Schönen und Erhabenen*』(1764)이 유일하다. 하지만 1760-70년대에 기록된 칸트의 단편적 메모들은 그가 미와 예술의 문제를 - 집중적으로는 아닐지라도 - 부단히 천착했음을 보여준다. 이런 메모들에서 무엇보다 눈에 띄는 점은 그가 예술의 본질을 명백히 가상, 즉 Schein으로 규정한다는 점이다. 이런 특징은 무엇보다 1969년 이후의 메모에서 분명하게 드러난다. 비판철학 이전의 칸트 문헌 중 가상으로서의 예술이라는 주제와 관련해 우리가 주목해야 할 또 다른 자료는 이른바 「약정토론문 초안*Entwurf zu einer Oppenten-Rede*」(1777)이다. 아래서는 이 세 종류의 문헌, 즉 1764년의 저작과 1760-70년대의 메모들 그리고 1777년의 「약정토론문 초안」을 중심으로 비판철학 이전 칸트가 개진한 미감적 가상의 이론을 알아보도록 하겠다.

출판된 『미와 숭고의 감정에 관한 관찰들』에는 미감적 가상에 관한 언급이 전혀 없다. 그러나 이 저작의 수고본 여백 메모에서 우리는 다음과 같은 진술을 발견하게 된다.

> 미의 성격은 가상적 예술과 아주 잘 합치한다(Kant, 1991: 49).

> 지속적 미의 주요근거는 가상이다(Kant, 1991: 56).

칸트는 이처럼 미의 본질을 가상으로 규정한 후, 이런 가상이 허위 내지 거짓으로서의 가상과 달리 사회에서 허용되어야 한다고 주장한다. "왜냐하면 미는 유용한 것과 관련되는 것이 아니라 그저 의견과 관련되는 것이기 때문이다"(Kant, 1991: 49). 어떤 유용한 것을 획득하겠다는 의도를 수반하지 않는 이런 의견은 비록 진리는 아니지만 거짓말과도 다른 무엇이다. 따라서 미는 "거짓말이 아닌 비진리의 일종"이란 점에서 "허용된 가상"으로 평가되어야 한다(Kant, 1991: 101).

게다가 미의 가상은 즐거움마저 야기한다. 칸트에 따르면, 이 즐거움의 근원은 이상화에 있다(Kant, 1991: 101). 즉 예술가는 어떤 대상을 이상화시켜, 즉 과장하여 즐거움을 유발한다(Kant, 1991: 101). 예술의 이러한 이상화는 객관적 사태와 다르다는 점에서 분명 거짓, 즉 가상이다. 하지만 예술은 완전성의 엄격한 형태인 진리나 선을 추구하는 것이 아니기에 그 정도는 용인될 수 있다. 아니, 예술은 그런 이상화에 의해 즐거움을 유발한다는 점에서 사회적 중요성을 획득한다.

> 진리는 사회적 삶의 주요한 완전성이 아니다. 여기서 아름다운 가상은 회화와 마찬가지로 많은 것을 수행한다(Kant, 1991: 41).

> 모든 사물은 원래대로만 인식되면 쾌적한 것을 별로 지니지 못하고, 오로지 원래 자체와 다른 것으로 보일scheinen 때만 감각을 고양시키며, 모든 이상적 만족감은 가상화하는scheinen 기예를 통해서 촉진된다(Kant, 1991: 104).

'위대한 침묵의 10년' 동안 쓰인 칸트의 단편적 메모들에서도 미는 "진리보다 더 달가운" "일종의 비진리"로 논의된다(Kant, 1991: 56). 이 메모들에는 후일 『판단력 비판』에서 개진될 관점도 암시하는 진술이 있어 눈길을 끈다. '예술은 자연처럼, 자연은 예술처럼'이란 『판단력 비판』의 테제는 지면 관계상 이 입문서에서 다루지 못할 것이다. 이들 메모 중 하나에서 칸트는 미를 "자연처럼 보이는 예술의 산물"(Kant, 2001, Bd. 1: 41)이라 정의하며, 거의 같은 시기에 작성된 또 다른 메모에서는 이런 규정이 좀 더 상세히 서술되고 있다.

> 아름다운 것에서 자연이란 강제적이지 않은 것을 뜻한다. 예술은 합목적적이고 정돈된 것이다. 반면 인위적인 것은 부끄러운 것이다. 작용하는 원인들의 어떤 보편적 법칙에 따라 생성된 것처럼 나타나는*scheinen* 것은 모두 자연스럽다(Kant, 2001, Bd. 1: 76).

이렇게 해서 미는 자연인 듯 여겨지는 예술의 산물이란 성격을 갖게 된다. 달리 말해 미란 어떤 인공물, 즉 자체의 인위성을 은폐하는 인공물에서 실현된다. 이미 볼프와 바움가르텐에게서 예술작품과 현상적 미는 일정한 연관을 갖는 것으로 규정되었다. 그리고 이제 칸트의 사유에서는 미와 예술작품의 연결이 당연한 것인 듯 전제된다. 이 점은 앞서 인용한 1764년 저작 수고본의 메모에서도 이미 확인될 수 있는 점이었다.

그런데 미를 실현하는 예술작품은 논리적 진리를 그저 편안하게 전달해주는 매개체에 불과한 것이 아니다. "지어낸 것Erdichtung"으로서의 미, 가상으로서의 예술작품은 "영혼의 고유한 활동에 의해 생겨난다"(Kant, 2001: 38). 인식의 논리적 완전성이란 기준에서 보면 미란 "인식상의 결핍과 불완전성"에 불과한 바, 미는 "우리가 (...) 개념에 앞서 갖는" 가상일뿐이기 때문이다(Kant, 2001: 38). 그렇지만 미는 하위 인식으로만 판정할 수 없는 독자적 측면을 지니고 있다. 미 혹은 예술의 산물이란 지성적 인식의 법칙성과 구별되는 "감성의 보편적 법칙에 따라"(Kant, 2001, Bd. 1: 35) 우리의 마음을 끄는 것이기 때문이다.

그렇다면 미의 경험을 가능케 하는 이런 감성의 보편적 법칙이란 무엇일까? 몇 개의 메모에서 칸트는 이 법칙을 '유희Spiel'라는 개념에 의해 설명하려 한다. 그리고 유희는 "단순히 쾌의 감정과 결부되어 있는 (...) 미감적 완전성"이라 정의한다(Kant, 2001, Bd. 1: 31).

> 일이 유희처럼 여겨지면 무척 마음에 든다. 유희가 일처럼 여겨지면 마음에 들지 않는다. 그런데 인식의 촉진을 위해 감성과 지성을 조화시키는 것은 일이다. 반면 보편적 법칙에 따라 감성을 쾌의 감정과 조화시키는 것은 (...) 유희이다. 이는 음악이나 정선된 말의 울림 혹은 감각의 소리처럼 인식에 아무 기여도 하지 않기 때문이다(Kant, 2001, Bd. 1: 31).

이 인용문에서 유희는 감성을 쾌의 감정과 조화시키는 일이라 규정한다. 그런데 또 다른 메모에서는 유희가 "직관을 개념과, 다시 말해 감성을 지성 및 이성과 결합시키는"(Kant, 2001: 129) 특수한 방식이라고도 규정된다. 후일 『판단력 비판』에서 새롭게 변형되어 재등장할 이러한 유희 규정은 또 다른 메모들에서 다음과 같이 좀 더 상세히 설명되고 있다.

> 직관이 그저 감성의 범칙에 따라서만 표현된 것처럼 보이고, 개념이 그저 지성의 법칙에 따라서만 표현된 것처럼 보이면서도 양자가 완전히 조화를 이룬다면, 이런 조화에서 곧 아름다운 예술이 존재한다"(Kant, 2001, Bd. 1: 120-130).

> 시예술은 사상의 인위적 유희이다.
> 우리는 사상과 더불어 일하지 않는다면, 즉 어떤 목적이 그런 일을 하도록 강제하지 않는다면, 사상과 더불어 유희한다. 우리는 그저 사상을 통해서 즐기려 할 뿐이다.
> (...)
> 시는 감각이 아니고 직관도 아니며 목적에 대한 통찰도 아니다. 오히려 시는 마음 내의 모든 능력과 추동력을 유희 상태에 있게 하는 것이다(Kant, 2001, Bd. 1: 96-97).

비판철학 이전 시기 칸트가 품었던 예술관이 어떤 것인

지를 파악하고자 한다면, 이른바 「약정토론문 초안」이란 문헌이 반드시 검토되어야 한다. 이 문헌은 『미와 숭고의 감정에 관한 관찰들』의 수고본 여백 메모나 1770년대의 단편적 메모와 비교해서 좀 더 체계적인 미감적 가상의 이론을 담고 있다.

칸트의 「약정토론문 초안」이란 요한 고틀리프 크로이츠펠트Johann Gottlieb Kreuzfeld란 인물의 쾨니히스베르크 대학 교수 임용과 관련해서 칸트가 작성한 메모를 가리킨다. 칸트의 제자이기도 했던 크로이츠펠트는 1776년 9월 4일 이 대학의 시예술 전담 교수로 임용되었다. 이 직책은 사실 칸트에게 먼저 제안된 자리였으나, 칸트는 자신의 전공분야가 아니란 이유로 이 교수직을 사양했다. 당시 관례에 따라 크로이츠펠트는 임용 전 두 번에 걸쳐 박사논문 발표회를 가져야 했다. 그리고 칸트는 두 번째 발표회의 약정토론자로 참여했다. 칸트는 사전에 크로이츠펠트에게서 받은 박사논문 여백에 자신이 약정토론에서 발언할 내용을 라틴어로 기록해 놓았다. 이 메모는 오랫동안 주목받지 못하다가 1910년 아르투르 바르다Arthur Warda란 인물에 의해 발굴되어 「구프로이센 월보Altpreussische Monatsschrift」, 제47권에 라틴어 원문으로 최초 수록되었다. 그리고 이듬해인 1911년 베른하르트 아돌프 슈미트Bernhard Adolf Schmidt란 사람이 이를 독일어로 번역하여 '감각 기만과 시적 허구에 관한 지금까지 알려지지 않은 칸트의 연설Eine bisher unbekannte lateinische Rede Kants über Sinnestäuschung und poetische Fiktion'이란 제목으로 「칸트 연구Kant-Studien」에 게재했다. 같은 해 출간된 『이마누엘 칸트의 생애Immanuel Kants Leben』에서 철학사가 카를 포를랜더Karl Vorländer는 이 저작이 칸트 미학의 연구에서 과소평가할 수 없는 중요성을 지닌 것이라고 평했다. 그리고 1913년에는 프로이센 학술원이 간행하는 칸트 전집 중 제15권에 칸트의 라틴어 초고가 '약정토론문 초안'이란 제목으로 수록되었다(Meerbote, 1992: 161).

「약정토론문 초안」에서 아름다운 가상의 이론을 개진하는 칸트는 우선 가상을 두 종류로 구분한다. 가상은 "*기만*하는 가상"과 "정신을 *속이지* 않는 가상"으로 구분된다(Kant, 1911: 8-9 – 이하 모든 강조는 원문에 근거함). 기만적 가상, 예컨대 "장터의 호객꾼이나 선동정치가들 그리고 드물지 않게 사이비 성직자들"(Kant, 1911: 7)이 사용하는 가상은 "우리가 그것을 공허한 가상이고 기만일 뿐임을 인식하자마자 *사라져버린다*"(Kant, 1911: 9). 즉 우리는 그 어떤 즐거움을 느끼면서 그 가상에 머물고자 하지 않는다. 오히려 이런 가상은 불쾌감을 일으킬 뿐이다(Kant, 1911: 9). 칸트는 이런 종류의 가상이 지닌 성격을 사기꾼의 노련한 기술을 예로 들어 설명한다.

눈속임에 능하다 하는 사기꾼은 당장 나를 꾀려고 한다. 나를

> 계략에 빠뜨리려 하고, 말하자면 내 지력을 자신의 교활함으로 시험하려 들기 때문이다. 하지만 나는 속임수를 눈치 채자마자 사기꾼을 경멸하며, 만약 그가 같은 짓을 되풀이한다면 그를 *불쾌히* 여긴다. 또 내가 그를 *믿지 않는데도* 그가 속임수를 여전히 감추려 든다면 나는 그를 싫어할 것이다. 나는 내가 사기꾼에게 속아 넘어갔다는 사실에 놀라기도 하지만 동시에 그 사실에 분노한다(Kant, 1911: 9).

칸트에 따르면, 사기꾼의 노련한 속임수는 "시인의 정신에는 전혀 낯선" 것이다(Kant, 1911: 9). 가상 중에는 그런 유의 "가상과는 다른 종류의 감각기만"이 있으며, 시예술은 이런 기만을 사용하여 "대다수의 다른 기예보다 한층 우위에 있게" 된다(Kant, 1911: 10). "유희적 가상"(Kant, 1911: 8)이라 불릴 수 있는 이런 가상은 "그 정체가 투시된 다음에도 사라지지 않는다"(Kant, 1911: 9). 왜냐하면 이런 가상을 산출한 사람은 "악의를 품고 착각을 유발하려 한 것이 아니기"(Kant, 1911: 8) 때문이다. 오히려 이런 가상은 정신과 더불어 즐거운 유희를 벌여 "정신을 쾌적한 움직임 속에 있게"(Kant, 1911: 9) 한다. "이를테면 거짓과 진실 사이의 경계지대를 오가면서 정신을 지극히 유쾌하게"(Kant, 1911: 9) 자극하는 것이다. 그렇기에 "속이는 가상은 마음에 들지 않는" 반면, 유희하는 가상은 "높은 정도로" 마음에 들고 "즐거움을 느끼게 한다"(Kant, 1911: 9).

물론 시예술의 가상은 유희적 가상이라는 이유, 다시 말해 오직 "의심할 나위 없는 (...) 즐거움"(Kant, 1911: 9)을 유발한다는 이유에서만 용인되는 것은 아니다. 칸트에 따르면, 예술의 가상은 우리의 감성 능력을 도야하고 진리를 매개하는 기능도 갖고 있다. 즉 무해한 가상을 본질로 하는 예술은 "저급한 부류의 감각"을 좀 더 높은 수준으로 도야하여 "지성의 지배"를 순순히 받아들일 수 있게 하고 "지혜의 법칙들에 일정 정도 복종하게"(Kant, 1911: 10) 만든다. 예술이 어떻게 이런 기능을 수행하는가에 관해 칸트는 다음과 같이 설명한다.

> 감각의 *제어되지 않은 권력*이 너무 크고 이성의 *힘은 약해서* 이성이 권리를 원하지만 이를 관철시키기 어렵다면, 공공연한 폭력으로 공략할 수 없는 사람들은 간계로 사로잡는 것이 보다 현명하다. 그런데 이런 일은 정신을 좀 더 높은 학문과 예술의 매력에 익숙하게 만들고, 그리하여 거칠고 조야한 주인과도 같은 비이성적 욕망에서 정신을 점차 해방시키는 방식으로만 일어난다. 이러한 목적에는 시예술도 사소하지 않은 정도로 (...) 기여한다. 따라서 우리는 시예술을 고귀하고 자유로운 기예, 다시 말해 정신의 자유를 촉진시키는 예술에도 포함시킨다. 왜냐하면 시예술은 감각에 활기를 넣어주고, 그런 방식으로 감각의 탐욕스런 욕망을 조롱하기 때문이며, 또한 시예술은 사람들을 그 아름다움으로 매혹하여 조야함을 떨쳐내게 하여 지혜의 가르침

에 더욱 기꺼이 복종하게 만들기 때문이다(Kant, 1911: 9).

요컨대 예술은 조야한 감성을 유연한 방식으로 길들여 지성의 명령에 귀 기울일 자세를 갖게 한다. 예술이 감성으로 하여금 지성이 제시하는 이론적·도덕적 진리에 좀 더 기꺼이 접근할 수 있게 해주는 것이다. 예술은 진리를 위한 매체이다. 예술은 "현상의 옷을 입은 진리"를 제시하는 바, 이 옷은 "진리의 내적 본질을 모호하게 만들지 않고 그저 치장을 해서 눈앞에 보여줄" 뿐이다(Kant, 1911: 8). 즉 예술은 "장식과 현혹에 의해" 속이는 것이 아니라 그저 "감관의 직관능력을 이용하여" "진리의 냉담하고 무채색인 이미지를 감성적 색채에 담아서 현상에 나타낼" 뿐이다(Kant, 1911: 8). 이런 맥락에서 칸트는 "예술을 (...) 경건한 기만이라 부를"(Kant, 1911: 9) 수 있다고 말한다. 이 기만은 지성의 진리를 감성 차원에서 감지할 수 있게 한다. 그렇게 본다면 이러한 기만, 이러한 가상은 "현상으로서의 진리"(Kant, 1911: 8)라 불릴 수도 있다.

이상의 논의에서 확인할 수 있듯, 칸트는 한편으로 예술과 미의 가상에 대해 인식이나 유용성과 구분되는 자율적 성격을 부여하려는 경향을 보여준다. 하지만 다른 한편으로 예술과 미는 그에게서도 인식을 위한 수단이란 위치에 머물러 있다. '현상의 옷 내지 경건한 기만의 옷을 입은 진리'라는 표현은 - 람베르트에게서도 발견되는 - '당의정으로서의 예술'이란 규정을 답습한 것이다.

합리론의 사상은 진·선·미를 완전성이라 규정한다. 이때 합리론은 감성을 인식과 윤리적 판단에서 철저히 배제해온 전통에서 벗어나 감성에 저급한 인식능력을 부여한다. 달리 말해, 감성 차원에서 인식되는 진·선·미도 존재함을 인정한다. 이러한 진·선·미는 결핍을 지닌 것(가상)이긴 하지만 지성의 대상인 진·선·미와 무관한 것도 아니다. 감성 차원에서 포착되는 미는 예술과 연결된다. (르네상스 이래 재수용·재해석된) 플라톤과 아리스토텔레스의 견해에 따르면, 예술은 감성과 결부될 뿐 아니라 허구 내지 모방에 근거한다는 점에서 본질적으로 가상이다. 예술은 진·선·미를 감성 차원에서 포착케 하여, 달리 말해 가상 차원에서 인식케 하여 무지하고 조야한 정신의 계몽에 도움을 준다. 예술은 유희와 정직한 가상에 근거한다는 점에서 그 독특함을 인정받아야 한다. 대략 이런 것이 합리론 미학의 논리이다.

하지만 앞서도 몇 차례 지적했듯, 저급한 인식수단으로서의 예술이란 규정과 독특한 장점을 지닌 자율적 위상의 예술이란 규정은 결코 매끈하게 연결될 수 없다. 예술의 기능이 전적으로 인식 영역에 포섭되어 있는 한, 예술의 자율성을 확보하려는 논증은 결코 성공할 수 없다. 비판철학 이전의 칸트의 견해에서도 이런 문제점이 여전히 노정된다.

비판철학 이전의 칸트는 비판철학으로의 전환을 선취하는 미학적 견해를 여러 곳에서 표출했지만, 미를 저급한 부류의 인식이라 규정하는 진술도 적지 않게 남겼다(예를 들어 Kant, 2001, Bd. 1: 메모 1753, 1794, 1821, 206, 210a). 이 시기 칸트의 사상적 혈관에는 여전히 독일 합리론의 피가 진하게 흐르고 있었던 것이다. 그의 미학은 비판철학의 첫 결실이 출간된 1781년 이후에야 새로운 혈액을 공급받는다.

5. 칸트 (비판철학 시기)

독일의 문예학자 알렉산더 아우구스트 코르프Alexander August Korff에 따르면, 미학의 발전에서 칸트의 위대한 공적은 무엇보다 "미감적 태도를 우리가 현실에 있을 때 취하는 특유의 태도와 구분했다는 점"에 있는 바, 칸트는 "모든 아름다운 것의 *가상 성격*, 즉 대상을 오로지 미감적으로 고찰할 때 취하는 특별한 *태도*에 관해 대단히 중요한 인식"을 낳았다(Korff, 1966: 431 - 강조는 원문에 근거함). 미의 본질을 대상이 아닌 인간의 특별한 정신적 태도에서 탐색하고, 이를 일상적 세계경험과 구분했으며, 또 이를 통해 미를 실재가 아닌 가상 영역에 위치시킨 점이 비판철학 시기 칸트의 공적이라는 뜻이다. 그런데 이러한 업적은, 미의 본질을 초월철학적으로 정초하려 한 비판철학 시기 칸트의 사유가 필연적으로 수반하는 결과이기도 하다.

주지하듯 칸트는 초월적transzendental 방법에 의해 철학에서 결정적인 패러다임의 전환을 초래했다. 『순수이성비판』에 의하면, "대상들이 아니라 대상들에 대한 우리의 인식방식을 이것이 선험적으로 가능하다고 하는 한에서 일반적으로 다루는 모든 인식을 *초월적*이라 부른다" (칸트, 2006: B 25 - 이하 모든 강조는 원문에 근거함). 여기서 '선험적a priori'이란 말은 '먼저'라는 뜻의 라틴어에서 유래한 것이지만, 칸트 철학의 맥락에서는 '경험에 앞서 성립하거나 경험에서 유래하는 것이 아닌'이란 의미를 갖는다(사카베 메구미 외, 2009: 253-254). 달리 말해, 어떤 경험 내지 인식이 성립할 때 그 인식 중 외부에서 유래하지 않는 보편타당한 계기를 선험적이라 칭한다. 이 말의 의미는 아래의 논의에서 좀 더 분명해질 것이다.

칸트에 따르면, 우리 인식의 대상은 언제나 주관적 인식력의 산물이다. 여기서 인식력이란 '구상력(상상력)Einbildungskraft'과 '지성Verstand'을 말한다. 인식이 이뤄지려면 먼저 주체 바깥의 어떤 사태가 감성적으로 포착되어야 한다. 어떤 사태에 직면해 오감이 포착한 자료들을 일차적으로 종합하는 감성적 능력이 바로 구상력이다. 하지만 구상력의 종합이 임의적이지 않으려면 지성이라는 또 다른 인식력의 도움이 있어야 한다. 지성은 구상력에 대해 - 외부세계의 자료와 무관한 - '선험적' 범주Kategorie나 규칙들을 제시하는 역할을 하며, 또 구상력의 일차적 종합 결과를 개념으로 만드는 역할도 수행한다. 이처럼 칸트에게 인간의 인식이란 구상력과 지성의 협력이 낳는 산물이다(칸트, 2006: B 103).

물론 이러한 인식 작용에 의해 경험되는 대상은 결코 사물 자체Ding an sich와 같은 것이 아니다. 인식의 대상과 그 속성은, 이를 구성하는 주관성 - 구상력과 지성을 구사하는 의식 - 에 의해 규정되며, 따라서 원래의 사물 자체와 그 속성이 우리에게 날것 그대로 주어지는 것은 결코 아니기 때문이다. 인간이 경험하는 대상세계는 언제나 이를테면 주관성이란 필터를 거친 것이다. 이 필터를 거치지 않은 사물 자체의 모습이 어떤 것인지 인간은 끝내 알 수 없다. 이때 인간이 경험하는 것은 인식력의 구성작업 - 즉 필터작용 - 을 거쳐 획득된 것이기에 전통적인 형이상학의 개념으로는 '가상'이라 불릴 만하다. 그것은 사물 자체와 일치한다는 보장이 없는 것이며, 무엇보다 감성이란 매체를 거친 것이기 때문이다.

하지만 칸트는 이런 경험세계에 대해 '가상'보다는 '현상'이라는 명칭을 부여한다. 더욱이 이 현상은 임의의 상상적 구성물이 아니다. 그럴 것이 지성에 의해서 표상의 종합 내지 구성의 보편적 조건들(범주, 규칙 등)이 마련되기 때문이다. 이 조건들이 보편적인 까닭은 그것이 모든 인간에게 동일하다는 점에 있다. 달리 말해, 인간은 모두가 동일한 필터 - 동일 구조의 주관성 - 를 통해서 이 세계를 경험한다. 그리고 바로 그렇기에 인간의 인식은 - 최소한 인간들 사이에선 보편성을 지닐 수 있기에 - 객관적이라 칭할 만하며, 또 그렇기에 학문이 성립될 수 있다.

칸트는 이처럼 인식 주체의 선험적 조건에 대한 탐구를 통해 우리 인식의 가능성과 한계를 규명해 나갈 수 있다고 보았으며, 앞서 말했듯 바로 이러한 탐구방법을 초월적이라 불렀다. 물론 칸트에게서 초월적 탐구방법은 인식 영역에만 적용되는 것이 아니다. 그는 도덕 영역의 탐구 또한 행위(실천) 주체의 선험적 조건을 해명함으로써 수행되어야 마땅하다고 보았다. 주지하듯, 그는 도덕의 선험적 원리에 대한 규명을 『윤리형이상학 정초*Grundlegung der Metaphysik der Sitten*』(1785)와 『실천이성비판*Kritik der praktischen Vernunft*』(1788) 등에서 수행했다.

마지막으로, 칸트는 미감적 영역에도 초월적 방법을 적용한다. 그의 주장에 따르면, 미의 문제 또한 그에 관한 판단의 주관적 조건에 주목할 때만 올바로 논의될 수 있다. 만약 미를 - 예컨대 전통적 형이상학에서 미의 본질을 비례와 조화로 간주했듯 - 사물들 자체의 속성으로 이해한다면, 현상으로서의 세계만을 파악하는 인간 주체로서는 미에 접근할 길이 없을 것이기 때문이다. 그렇기에 『판단력비판』(1790) 제1부에서 개진된 칸트의 미학은 대상의 아름다움이나 아름답지 못함을 판정하는 능력, 즉 '취미Geschmack'

의 비판적 탐구로서 수행된다.

칸트의 사유에서 미의 판정능력인 취미는 일종의 판단력이다. 따라서 취미에 대한 논의를 시작하려면 먼저 칸트 철학의 맥락에서 판단력에 관해 이해할 필요가 있다. 판단력은 지성 등과 함께 인간의 상위 인식력에 속하는 능력으로, 감성적 인식력인 구상력이나 오감 등과는 구분된다(칸트, 2006: B 169). 지성의 기능이 규칙이나 원리를 제시하는 데 있다면, 판단력은 그런 규칙이나 원리를 구체적인 개별 경우에 적용하는 과제를 수행한다. 이런 기능을 칸트는 '포섭Subsumtion'이라고도 부르는데(칸트, 2006: B 171), 판단력이 포섭을 수행하려면 먼저 주어진 개별 경우와 지성의 규칙들을 비교하고 검토해야만 한다. 그런데 종종 지성에 의해 미리 제시된 규칙이 부재하기에 판단력이 이를 마련해야 하는 상황이 발생한다. 칸트는 규칙이 미리 제시된 경우 판단력의 포섭 작용을 '규정적'이라 말하고, 그렇지 못한 경우의 작용을 '반성적'이라 부른다.

> "판단력 일반은 특수한 것을 보편적인 것 아래에 함유되어 있는 것으로 사고하는 능력이다. 보편적인 것(규칙, 원리, 법칙)이 주어져 있다면, 특수한 것을 그 아래에 포섭하는 판단력은 (...) *규정적*이다. 그러나 특수한 것만이 주어져 있고, 판단력이 그를 위한 보편적인 것을 발견해야만 한다면, 그 판단력은 순전히 *반성적*이다"(칸트, 2009: B XXV-XXVI).

이런 맥락에서 반성적 판단력의 활동은 “탐색의 운동”(Recki, 2001: 49)이라 이해될 수 있다. 그런데 이 탐색 운동이 좌충우돌로 끝나지 않으려면 일종의 지침 같은 게 있어야 한다. 그러한 지침으로 칸트가 제시하는 것이 바로 “자연의 잡다함 속에서 *자연의 합목적성*이다. 다시 말해, 자연은 이 개념에 의해 마치 지성이 잡다한 자연의 경험적 법칙들의 통일성을 함유하고 있는 것처럼 표상되는 것이다”(칸트, 2009: B XXVIII). 쉽게 말해, ‘마치 자연에 그 어떤 합목적성이 있는 것처럼 생각하기’가 반성적 판단력의 지침이다. 구체적인 사례를 통해 이해해 보자. 예컨대 나는 눈앞에 펼쳐진 어떤 사태에 직면해서 ‘여기에 빨간 사과 두 개가 있다’는 판단을 내릴 수 있다. 이 경우 나는 ‘빨간’, ‘사과’, ‘둘’, ‘있음’, ‘여기’ 등의 개념과 12개의 범주에 근거해서 객관적 - 혹은 인간 간의 상호주관적 - 인식판단을 내린 것이다. 이 경우 판단력은 주어진 사태에 직면해서 이미 존재하는 규칙이나 원리를 활용한다. 반면 우리가 자연을 바라보면서 ‘자연에는 낭비란 게 없다’, ‘자연에는 오류가 없다’, ‘이 세계의 운행에는 신이 마련한 듯한 목적이 있다’ 등의 말을 한다고 하자. 이때 우리는 - 엄밀한 의미에서 인식될 수 있는 사실이 아닌데도 - 마치 자연에 어떤 합목적성이 있기라도 한 듯 판단을 내리는 것이다. 그리고 이럴 때 작용하는 것이 바로 반성적 판단력이다.

그런데 칸트에 따르면 반성적 판단력은 그처럼 목적론적

성격만을 갖는 게 아니다. 우리가 어떤 사태를 미감적으로 판단할 때 작용하는 판단력도 반성적인 종류의 것이다. 목적론적 판단은 이 세계 내에 어떤 합목적성을 상정하여 세계를 이해하려 한다는 점에서 인식판단과 유사한 점을 갖는다. 반면 미감적 판단은 인식을 전혀 의도하지 않는 판단이다. 미감적 판단이 수행될 때의 반성적 판단력, 즉 미감적인 반성적 판단력은 주관(주체) 내의 합목적성에만 관계한다. 여기서 주관 내의 합목적성이 뜻하는 것을 대략 설명하면 이렇다. 감성과 구상력이 - 그리고 어떤 식으론가 지성도 - 작용하여 마련된 표상종합이 우리 주관 내 즐거움의 감정과 긴밀히 연관될 경우, 반성적 판단력은 그러한 표상종합에서 어떤 합목적성을 상정하게 된다. 이런 경우 주관이 내리는 판단이 바로 미감적 판단이며, 또 이때 작용하는 판단력이 미감적인 반성적 판단력이다. 앞서 칸트가 '취미'라 부른 것이 바로 이 미감적인 반성적 판단력이다.

칸트에 따르면, 이렇듯 미는 대상의 속성이 아니라 취미의 작용에 의해 산출되는 것이며, 이때 취미는 주관적 합목적성을 원리로 삼는다. 미감적 반성적 판단력인 취미는 객관적 자연표상(인식판단)이나 유사객관적 자연표상(목적론적 판단)과는 아무런 관계가 없다. 요컨대 취미의 작용인 취미판단에서는 그 어떤 객체도 구성되지 않는다(즉 객체 내지 대상을 규정하는 판단이 아니다). 바로 이 점에서 우리는 칸트 사유에서 미가 '가상'의 성격을 갖는 것임을 일차적으로 확인할 수 있다. 취미판단에 의해 구성되는 표상인 미는 현상의 성격조차 갖지 않기 때문이다. 이런 의미에서 미는 한갓 가상, 즉 "환영적인 것ein Imaginäres"(Frank, 1989: 56)이며, 취미는 "그러한 *가상*을 통해 판단을 수행하는"(Freier, 1976: 25) 능력인 셈이다. 『판단력비판』의 〈미의 분석학〉에서 칸트는 미의 이러한 가상 성격을 좀 더 세밀하게 규정해 나간다.

〈미의 분석학〉에서 칸트는 미의 판단인 취미판단을 다룬다. 인식판단(논리적 판단)이 'x는 a이다(a가 아니다)'의 형식을 갖고 도덕판단이 'x는 선하다(선하지 않다)'의 형식을 취한다면, 취미판단은 'x는 아름답다(아름답지 않다)'의 형식을 취한다. 칸트는 이 취미판단을 '네 가지 관점에서 분석하는데, 그 네 가지란 성질Qualität, 분량Quantität, 관계Relation, 양태Modalität이다.

먼저 '성질'에 따르면 미의 판단, 즉 취미판단은 "미감적"(칸트, 2009: B 3)이다. 이 규정에 의해 칸트가 말하려는 것은, 취미판단이 인식판단이 아니라는 사실이다.

> "어떤 것이 아름다운 것인가 아닌가를 구별하기 위해서는, 우리는 표상을 지성에 의해 인식하기 위해 객관에 관계시키는 것이 아니라, 상상력에 의해 - 어쩌면 지성과 결합돼 있는 - 주관 및 주관의 쾌 또는 불쾌의 감정에 관계시킨다. 그러므로 취미판단은 인식판단이 아니며, 그러니까 논리적이 아니라 미감적이다"

(칸트, 2009: B 3-4).

취미판단이 '미감적'이란 말은 그것이 주관적임을 뜻한다. 즉 이 판단은 주체 내의 쾌 혹은 불쾌의 감정에만 결부될 뿐, 객체(객관)가 지닌 그 어떤 속성을 명기하는 것이 아니다. 미의 판단은 객체에 관한 경험, 즉 인식판단이 아닌 것이다.

물론 취미판단도 그 어떤 대상연관 없이는 존립할 수 없다. 취미판단도 항상 그 어떤 대상에 관한 판단임이 분명하다. 하지만 취미판단의 진술은, 주체가 어떤 대상을 객관화한 표상에 근거하는 것이 아니라 주관 자체의 감정에만 연관된 표상에 근거한다. "오직 인식만이 그 대상에 현실성을 인증하며, 더욱이 감각의 자료를 근거로 그렇게 한다. 그리고 인식만이 자기 대상을 *객관적* 존재자의 지위에 올려 놓는다. 반면 취미판단은 (...) 표상에서 촉발되긴 하지만 (...) 즉시 주관 자신에게 방향을 되돌려 그 표상이 주관의 감정에 미친 효과를 음미한다"(Frank, 1989: 61). 어떤 대상에 직면해서 주관이 내면에서 긍정적 효과, 즉 쾌감 내지 만족감을 확인하면, 이 효과와 연관된 대상은 아름답다고 불린다(칸트, 2009: B 16). 하지만 이때 대상의 어떤 구체적 속성이 이 효과를 유발했는가는 판단의 관심사가 아니다. 대상이 어떤 것이든 관계없이 그에 직면해서 주관 내에 - 신체적 만족감과는 분명히 다른 - 쾌의 감정이 유발

된다면, 그 대상은 아름답다고 불린다. 즉 판단을 내릴 때의 초점은 주관 내 이런 만족의 유무에 놓이는 것이지 대상에 놓이는 것이 아니다. 그리고 이런 의미에서 취미판단에서 '아름답다'는 말은 대상의 술어가 아니며, "미는 대상의 개념이 아니다"(칸트, 2009: B 152). 이런 맥락에서 칸트는 취미판단이 '무관심한interesselos' 종류의 판단이란 말도 한다. 이 맥락에서 관심이란 개념은 대상의 실존과 관련된 만족을 일컫는다.

> "관심이란 우리가 대상의 실존 표상과 결합하는 만족을 이른다. (...) 그러나 무릇 어떤 것이 아름다운가 어떤가 하는 물음이 있을 때, 사람들이 알고자 하는 것은, 우리에게 또는 어느 누군가에게 그 사태의 실존이 어떤 중요성을 갖는가 또는 단지 어떤 중요성을 가질 수 있는가가 아니라, 우리가 순전한 바라봄(...)에서 그것을 어떻게 판정하는가이다"(칸트, 2009: B 5).

이미 말했듯, 취미판단은 객체의 표상을 만드는 인식판단이 아니며, 그런 의미에서 이 판단의 대상은 "실존하지 않는다"(Frank, 1989: 61). 그렇다면 미의 판단은 대상의 고유한 실존에 관심을 가질 수도 없다. 그렇기에 칸트는 이렇게 말한다. "취미판단을 규정하는 만족은 일체의 관심이 없다"(칸트, 2009: B 5). 오직 주관적일 뿐이며 대상 실존에 관심을 두지 않는 이런 취미판단은 인식이나 도덕적 판단과는 구분되는 인간의 독특한 경험세계를 구축한다. 미의 판단, 미의 경험에서는 "현실적인 것이 (...) 뒤로 물러나버린다. 그 대신 순수한 '이미지'" 같은 것이 등장하는 바, "이런 의미에서 (...) 미감적 세계는 가상의 세계이다"(Cassirer, 1994: 333). 〈미의 분석학〉 첫 단계의 논의에 근거하면 이처럼 미의 본질은 가상으로 규정된다. 〈미의 분석학〉의 나머지 세 가지 관점(분량, 관계, 양태)에서 개진되는 논의는 이런 규정, 즉 '자율적 가상으로서의 미'라는 규정을 뒷받침하는 역할을 한다.

'분량'의 관점에서 칸트가 논하는 것은 취미판단의 보편성 내지 이 판단의 근저에 놓인 만족의 보편성이란 논제이다. 먼저 칸트는 취미판단이란 대상의 실존에 관심이 없고, 따라서 대상에 관한 사적 욕망과도 무관하므로 일정한 보편성을 가질 수 있을 것이라 주장한다(칸트, 2009: B 17). 물론 순전히 미감적인(주관적인) 취미판단은 '객관적인' 보편타당성을 지닐 수 없다. 이런 보편타당성을 지닐 수 있는 것은 오직 인식의 논리적 판단뿐이기 때문이다. 따라서 취미판단이 보편타당성을 지닌다면, 그것은 "주관적 보편타당성"(칸트, 2009: B 23)일 뿐이다. 이 개념에 의해 칸트가 말하려는 것은 대략 이렇다. 어떤 대상에 직면해 우리가 그것을 아름답다고 말한다면, 이 판단은 분명 객관적 인식판단과 같은 수준의 보편성을 요구할 수 없다. 하지만 미의 판단은 순전히 사사로운 판단이 아니다. 어떤 것이 아름답다고 말할 때 우리는 다른 누구라도 이 판단에 동의할 것이란 생각을 품게 된다.

취미판단이 이처럼 '주관적 보편타당성'을 요구하는 경향을 갖는 데는 근거가 있다. 칸트에 따르면, 취미판단을 내릴 때면 어떤 주관이든 동일한 '마음상태Gemütszustand'에 있게 된다. 그것은 구상력과 지성이 조화로운 관계를 유지하는 상태이다. 물론 인식판단에서도 구상력과 지성은 이런 관계에 있게 된다. 두 인식력이 조화로운 협업에서 어떤 대상의 규정 내지 규정된 인식을 낳는 것이다. 그런데 미의 판단에서 두 인식력은 조화로운 관계에 있지만, 두 능력은 대상을 규정하지 않은 채 - 혹은 그런 규정을 목적으로 하지 않은 채 - 이를테면 "자유로운 유희"(칸트, 2009: B 29) 상태에 있게 된다. 칸트에 따르면, 이는 모든 주관이 취미판단을 내릴 때 처하는 보편적 상태이다. 즉 취미판단에서 구상력과 지성이 자유로운 유희 상태에 있을 때 쾌의 감정, 즉 무관심한 만족이 발생하는 것이다. 그리고 주관은 이런 유희 상태를 그야말로 주관적으로 감각할 뿐이지만, 그 상태에는 인식의 경우와 유사한 점이 있기에 주관이 그 어떤 보편성을 상정하게 된다. 이런 맥락에서 칸트는 이렇게 말한다. "개념 없이 보편적으로 마음에 드는 것은 *아름답다*"(칸트, 2009: B 32).

〈미의 분석학〉의 세 번째 단계에서 칸트는 취미판단에서 고찰되는 목적의 '관계'에 초점을 맞춰 미를 규정한다.

앞서 보았듯, 미의 판단에서는 우리의 인식력들이 언제나 조화롭게 협력한다. 마치 그것들이 어떤 공동의 목적을 지니기라도 한 듯 말이다. 그리하여 이런 마음 상태가 주관에게 합목적적으로 느껴진다. 하지만 사실 구상력과 지성은 인식의 산출이란 목적 같은 것은 전혀 지니지 않고 그지 자유롭게 유희하며 조화를 유지하고 있을 뿐이다. 이런 맥락에서 칸트는 이런 공식을 표명한다. “미란 합목적성이 목적의 표상 없이도 대상에서 지각되는 한에서, 대상의 합목적성의 형식이다”(칸트, 2009: B 61). 미란 ‘목적 없는 합목적성의 형식’이란 이 테제는 ‘인식력들의 자유로운 유희’란 관념에서 표현되는 주관 상태를 다른 말로 표현한 것에 불과하다.

취미판단의 마지막이자 네 번째 계기는 그 ‘양태’인 바, 이는 우리가 현상들과 만날 수 있는 존재양태를 뜻한다(칸트, 2006: B 266-267). 칸트에 따르면 존재양태는 가능적이거나 현실적이거나 필연적이다(칸트, 2006: B 106). 이때 필연적인 것은 “우리가 (...) 무시간적인 실존 그리고 이런 의미에서 필연적인 실존을 (...) 부여할 수밖에 없는 것”(Frank, 1989: 87)을 말한다. 이런 필연성은 인식과 결부된 개념의 보편성에만 근거할 수 있다. 하지만 취미판단은 그런 보편성을 가질 수 없다. 취미판단은 개념에서 도출되는 것이 아니기 때문이다. 그런데 칸트에 의하면, 취미판단에서 생성되는 쾌감에도 필연성이 부여될 수 있다. 물론 취미판단의 보편성이 주관적 층위에 머물러야 하듯, 이 필연성 또한 어디까지나 주관적인 종류의 것이다. 이 필연성의 근거를 칸트는 "공통감Gemeinsinn"(칸트, 2009: B 64)이라 부르는데, 이는 인식력들의 자유로운 유희가 수반하는 즐거움의 감정을 달리 표현한 말일 뿐이다. 앞서 분량의 계기와 관련해서 보았듯, 이 감정에서는 어떤 보편성을 추정할 수 있다. 그렇다면 취미판단에서는 이 보편성에 근거한 필연성 또한 - 객관적으로 제시할 수는 없어도 - 추정할 수 있는 셈이 된다. 칸트는 이렇게 말한다.

> "이러한 쾌감은 필연적으로 누구에게서나 동일한 조건들에 의거한 것일 수밖에 없다. 왜냐하면 이 조건들은 인식 일반을 가능하게 하는 주관적인 조건들이며, 또한 취미에 필요한 이 인식능력들의 균형은, 사람들이 누구에게나 전제할 수 있는 것으로, 보통의 건강한 지성에게도 필요한 것이기 때문이다"(칸트, 2009: B 155).

『판단력비판』의 〈미의 분석학〉에서 칸트는 이처럼 취미판단의 '주관성'과 '무관심성'에서 출발해 이 판단의 '주관적 보편성'과 '목적 없는 합목적성'을 논하며, 마지막으로 그 '주관적 필연성'을 다룬다. 이렇게 해서 그는 취미판단이 지닌 다소 역설적인 구조를 드러낸다. 한편으로, 취미판단은 주관적 판단이다. 그것은 객관적 기준에 근거해서 수행되는 판단이 아니라 주관적 명증성에 근거하며, 이 명증성은 언제나 쾌의 감정과 결부된 것이기 때문이다. 그리고 이런 맥락에서 미는 가상의 성격을 지닌 것으로 규정된다. 하지만 다른 한편으로, 취미판단은 유사객관적 판단인 바, 이는 취미판단이 보편성과 필연성을 요구하기 때문이다. 그리고 이런 의미에서 미의 가상세계에는 - 단순한 기만이나 착각, 환상 등과 달리 - 고유한 법칙성이 있다. 칸트는 이처럼 취미판단에 다소 역설적인 구조를 부여함으로써 미의 세계를 - 인식이나 도덕과 구분되는 - 자율적 가상의 영역에 위치시킨다.

합리론 미학을 넘어선 칸트의 자율성 미학은 현대 미학의 발전에 결정적이고 지대한 영향을 미쳤다. 미를 자율적 가상으로 규정한 그의 미학은 18세기를 넘어 20세기에 이르기까지 미와 예술의 영역을 인식 및 행위의 영역과 구별되는 독특한 가상 세계로 간주하는 사유방식의 기틀을 형성한다. 이하에서 다루게 될 실러와 헤겔 및 아도르노의 미학은 칸트의 비판철학적 미학이 있었기에 가능한 것이었다고도 말할 수 있다. 니체의 예술관은 칸트보다는 실러의 미학 사상에서 좀 더 직접적인 영향을 받았지만, 실러 미학의 근본 토대가 칸트의 『판단력 비판』이란 점을 생각한다면, 니체 철학 또한 칸트의 미학 사상과 무관한 것이라고 말할 수는 없을 것이다. 물론 실러와 헤겔, 니체 그리고 아도르노의 사상은 칸트 미학과 많은 차이점을 지니며, 이들의 사상과 칸트 미학 사이의 영향 관계를 간단히 서술하기란 결코 쉬운 일이 아니다. 그렇기에 이 입문서에서는 그런 서술이 시도되지 않을 것이다.

다만 - 근대 미학의 산물인 - 자연미/예술미의 범주와 관련해서 이들의 사상을 간략히 비교해보는 것은 이하 서술 내용의 이해에 사소하나마 도움이 될 듯하다. 비판철학 시기의 칸트는 주로 자연 대상과 관련해서 미감적 판단의 가상 성격을 논하고 예술미에는 큰 관심을 쏟지 않은 반면, 실러와 헤겔은 미의 본령을 예술에서 찾았다. 이런 점 때문에도 미감적 가상에 관한 실러와 헤겔의 논의는 칸트의 사유와는 다소 상이한 층위에서 전개된다. 실러는 인간 본성 및 문화발전과 관련해서 예술의 가상을 분석하며, 헤겔은 독특한 형이상학을 전개하면서 이념의 현현으로서 예술의 가상을 논한다. 아도르노는 자연미와 예술미의 엄격한 구분에 반대하면서 양자의 상호 의존적 매개 관계를 주장하는 가운데 미감적 가상의 문제를 다룬다. 니체의 가상론은 플라톤 이래 서양 형이상학과 인식론에 대한 비판으로 전개되며, 따라서 미감적 가상이란 협소한 논제에 국한되지 않는다. 하지만 니체도 미감적 가상의 문제를 논할 때가 있으며, 이런 경우 그가 염두에 두는 것은 어디까지나 예술미이다.

6. 실러

프리드리히 실러Friedrich Schiller(1759-1805)는 요한 볼프강 괴테Johann Wolfgang Goethe(1749-1832)와 더불어 독일 고전주의 문학을 꽃피운 시인·극작가이다. 그러나 실러는 수년간 창작활동을 중단하고 미학연구에만 매진한 적이 있다. 이러한 '철학적 국면'(1791-96)에 실러가 가장 큰 영향을 받은 사상가는 칸트이다. 이 시기 실러는 판단력에 관한 칸트의 저작을 비판적으로 독서하면서 상당히 독창적인 견해를 개진하기에 이른다. 미학자로서 실러의 독창성을 보여주는 가장 초기의 문헌으로는 「미학 강의에 관한 토막글*Fragmente aus den Vorlesungen*」(1792/93)과 흔히 '칼리아스 편지*Kallias-Briefe*'라 불리는 『칼리아스 또는 미에 관하여*Kallias, oder über die Schönheit*』(1793)가 있다.

「미학 강의에 관한 토막글」은 예나에서 개설된 실러의 미학 강의와 관련해서 전해오는 학생 필기록의 일부로, 소략한 이 문헌에서는 칸트 미학의 공적을 인정하면서도 그 '주관주의적' 관점에 만족하지 못하는 실러의 입장이 표현된다. 『칼리아스 편지』는 칸트의 견해를 부분적으로 반박하면서 미라는 현상을 객체와 결부시켜 규명하려 한 실러의 적극적 시도를 보여주는 문헌이다. 그러나 실러의 이러한 시도는 성공하지 못한다. 그 실패 원인은 실러의 구상 자체에 내재해 있었다고 볼 수 있다. 칸트가 전개한 초월철학의 사유 틀을 떠나지 않으면서 미의 객관적 원리 내지 개념을 제시하려는 시도는 성공하기 어려운 발상이었기 때문이다(박민수, 2009).

그렇지만 이 문헌에서 표명된 실러의 기본 입장은 - 초점이나 논증방식에서는 변화가 있지만 - 이후의 이론적 저작에서도 유지된다. 무엇보다 『칼리아스 편지』에서는 '미는 현상에서의 자유이다'라는 공식이 제시되는데, 이 견해는 이후 그의 모든 미학 저작에서 원칙적으로 고수된다. 이 공식이 함축하는 테제는 두 가지로 요약되는 바, 그것은 '미의 가상 성격'과 '예술의 자율성'이다(Janz, 1992: 1306-1307). 이 두 가지 테제는 실러의 미학적 주저라 할 수 있는 『인간의 미적 교육에 관한 일련의 편지*Über die ästhetische Erziehung des Menschen in einer Reihe von Briefen*』(1795 - 이하 『미적 교육』으로 줄여 표기함)에서 좀 더 체계적이고 본격적으로 개진된다.

『미적 교육』에서도 실러는 - 칸트의 비판철학적 관점에 따라 - 경험을 초월한 미의 개념을 도출하려 한다. 『칼리아스 편지』에서 그렇듯 여기서도 미의 개념과 직결된 핵심개념은 자유이다. 하지만 『칼리아스 편지』에서는 미와 연관된 자유의 개념을 칸트의 실천이성에 근거해 도출하려 한 반면(박민수, 2009: 132-137), 『미적 교육』에서는 인간의 본성으로부터 자유의 개념을 끌어내고자 한다.

> 모든 오해를 예방하기 위해, 여기서 자유가 언급될 때마다 그것은 지성적 존재로 간주되는 인간에게 필연적으로 속해 있으므로 주어질 수도 빼앗길 수도 없는 자유를 뜻하는 것이 아니라, 그의 혼합된 본성에 근거하는 자유를 뜻한다는 사실을 밝혀두고자 한다(실러, 2012: 152).

여기서 인간의 '혼합된 본성'이란 "감각·이성적 본성"(실러, 2012: 100), 즉 감성적 존재이자 이성적 존재로서 인간의 본성을 가리킨다. 실러는 이 두 가지 본성을 - 철학자 피히테Fichte가 주장한 충동설Trieblehre에 기대어 - '형식충동Formtrieb'과 '소재충동Stofftrieb/Sachtrieb'이라 부른다. 형식충동과 소재충동은 각기 인간의 지성적 본성과 감성적 본성에 해당된다. 실러에 따르면, 형식충동은 인간의 "인격Person"(실러, 2012: 103), 즉 인간의 고유한 자아를 정립하며, 소재충동은 인간의 "상태Zustand"(실러, 2012: 103), 즉 인간의 신체처럼 가변적이고 물리적인 요소와 관계한다(서양에서는 전통적으로 감각과 감정이 신체의 산물로 이해되었고, 이는 실러 시대에도 마찬가지였다). 실러 자신의 표현을 빌면, 형식충동은 "인간의 절대적 현존 또는 이성적 본성에서 나오는 것이다. 이것은 인간을 자유로 이끌고, 그의 삶의 다양한 양상에 조화를 도입하고, 상태의 온갖 변화 속에서도 그의 개성을 유지하도록 한다"(실러, 2012: 110). 반면 소재충동은 "인간의 물리적 현존 또는 감각적 본성에서 나온 것으로, 인간을 시간의 한계 안으로 이끌어 물질로 만드는 것이다"(실러, 2012: 108).

요컨대 소재충동 내지 감각충동은 자연적·신체적 존재로서 인간의 표현이며, 이 충동은 감성적 욕망의 충족을 추구한다. 이에 비해 형식충동은 불변의 자아, 즉 정신의 표현으로, 그 목표는 자유를 실현하고 상태의 변화 속에서도 개성 내지 인격의 통일을 유지하는 데 있다. 그런데 실러에 따르면, 이 두 가지 충동은 인간 내의 서로 다른 힘으로 존재하지만 서로 적대적 관계에 있는 것은 아니다.

> 두 충동의 *경향*이 서로 대립하는 것은 사실이지만, *동일한 대상*에서 대립하는 것은 아니라는 점을 여기서 지적해야겠다. 서로 만나지 않는 것은 부딪힐 수도 없다. 감각충동은 변화를 요구하지만, 개성과 그 영역에까지 변화를 확장하려는 것은 아니다. (...) 형식충동은 통일과 지속성을 지향하지만, 상태가 개성처럼 고정되기를 바라는 것은 아니다. 즉 느낌의 정체성이 존재하기를 바라는 것은 아니라는 말이다. (...) 그런데도 그렇게 보인다면 그것은 두 충동이 제각기 자신을 잘 모르고 자신의 영역을 혼동하면서 멋대로 본성의 영역을 침범해 생겨난 일이다(실러, 2012: 113-114 - 이하 모든 강조는 원문에 근거함).

상호보완 관계에 있는 이 두 충동이 상대방의 영역을 침범하거나 스스로를 절대화하면 인간의 내적 통일이 파괴된다. 반면 이 두 충동이 조화로운 "상호작용"(실러, 2012: 120) 속에 있게 된다면, 이 상태를 가리키는 새로운 충동이 상정될 수 있다. 실러는 이를 '유희충동Spieltrieb'이라 부른다(실러, 2012: 121). 즉 유희충동은 독자적인 제3의 충동으로 인간에게 처음부터 내재된 무엇을 가리키는 개념이 아니라 기본적인 두 가지 충동의 조화로운 상호작용 상태를 가리키는 개념이다(실러, 2012: 113).

실러에 의하면, 형식충동은 "이성법칙을 통해" 도덕적으로 인간을 강제하고 소재충동은 "자연법칙을 통해" 물리적으로 인간을 강제한다(실러, 2012: 122). 고로 - 적대적인 형태는 아닐지라도 - 대립하는 두 충동이 조화를 이루지 못한 상태에서는 인간이 어떤 식으로든 강제를 느낄 수밖에 없다. 하지만 이 두 가지 충동이 조화로운 상태에 이르게 되면 인간 내면에서 일체 강제가 사라진다는 것이 실러의 주장이다. 그는 이를 다음과 같은 비유로 설명한다.

> 우리가 경멸받아 마땅한 사람을 열정에 사로잡혀 포옹한다면 우리는 고통스럽게 *자연의 강요*를 느끼게 될 것이다. 존경해야 할 어떤 사람에게 적대감을 느낀다면 우리는 고통스럽게 *이성의 강요*를 느낄 것이다. 그러나 만일 그 사람이 우리 취향에 맞고 동시에 우리의 존경도 받는다면 감정의 강요나 이성의 강요는 사라지고, 우리는 그를 사랑하기 시작한다. 즉 우리는 취향과 존경심으로 유희를 하는 것이다(실러, 2012: 122).

일체의 강제가 지양된 상태는 충분히 '자유'라 불릴 만하다. 따라서 두 가지 기본충동의 조화로운 상태를 지칭하는 유희충동은 "인간을 물리적·도덕적으로 자유롭게"(실러, 2012: 122) 하는 것이라 말할 수 있다.

유희충동은 형식충동과 소재충동이 조화를 이루어 작용할 때의 충동이므로, 여기서는 인간의 감성적 요구와 이성적 요구가 종합을 이룬다. 이런 종합적 성격은 유희충동이 추구하는 대상에서도 확인된다. 우선 소재충동의 기본성향은 감성적 욕망을 만족시키는 것, 즉 소유하고 향유하는 것이다. 고로 소재충동의 대상은 "모든 물질적인 존재와 감각에 직접 나타나는 모든 것"이라 할 수 있는 바, 실러는 이를 "삶Leben"이라 칭한다(실러, 2012: 124). 이에 반해 형식충동은 다양한 사물에 질서와 형식을 부여하고 도덕을 추구하는 성향을 지니고 있다. 고로 형식충동의 대상은 "사물의 모든 형식적 특성과 이들 형식적 특성이 우리의 사고력에 대해 갖는 관계"이며, 실러에 따르면 이는 "형상Gestalt"이란 말로 요약될 수 있다(실러, 2012: 124) 이제 실러는 이 두 개념으로부터 유희충동의 대상을 도출하는 바, 그것은 삶과 형상의 종합인 "살아 있는 형상 lebende Gestalt"(실러, 2012: 124)이다. 그러고서 실러는 이 '살아 있는 형상'이 바로 '미의 일반적 개념'이란 주장을 펼친다.

> 유희충동은 대상은 일반적인 도식으로 설명하면 *살아 있는 형상*이라고 할 수 있다. 현상의 모든 미적인 특성, 가장 넓은 의미에서 우리가 아름다움이라고 부르는 것을 지칭하는 개념이다(실러, 2012: 124).

이처럼 실러는 인간 내면에서 이성과 감성이 조화와 균형을 이룬 상태를 미의 개념과 결부시키며, 따라서 인간에게서 이런 상태를 유발하는 대상은 무엇이든 '살아 있는 형상'으로서 아름다운 것이라 불릴 수 있다. 유희충동을 일깨우는 대상은 아름다우며, 아름다운 대상은 인간 이성과 감성의 조화를 유발한다.

> 아름다움을 바라볼 때의 마음은 다행히도 법칙의 영역과 물리적 필요성 사이의 중간에 위치하므로, 이 둘 사이에 나뉘어 있다는 이유 덕분에 둘 가운데 어느 쪽의 강요에서도 벗어나 있는 것이다(실러, 2012: 124).

달리 말해, 아름다운 대상은 인간으로 하여금 "이성과 감성 간의 조화와 균형 및 합일을 통해서 이루어진 총체성"(김수용, 1986: 231)을 경험케 한다. 앞서 실러의 주장에서도 나타났듯, 그는 이런 총체성을 일체 강제가 배제된 '자유'의 상태 혹은 '유희'의 상태라고도 이해한다(이미 짐작했겠지만, 유희라는 개념은 칸트가 말한 '인식력들의 유희'에서 착안된 것이다). 이성이나 감성의 강제에서 벗어나 자유로운 인간, 자신의 두 충동과 유희하는 인간은 자신의 총체적 인간성을 획득한 인간이기도 하다. 이런 의미에서 실러는 다음과 같은 말을 한다.

> 인간은 그 말의 완전한 의미에서 인간인 한에서만 유희하며, 또한 유*희하는 한에서만 온전한 인간*이다(실러, 2012: 129).

실러에 따르면, 내면에서 유희충동이 일깨워진 인간의 마음은 "물리적·도덕적으로 강제를 받지 않고, 그러면서도 동시에 둘 모두의 방식으로 활동하는 (...) 중간 정조"(실러, 2012: 157)에 있다. 이를 실러는 "미적 상태der ästhetischer Zustand"(실러, 2012: 157)라고도 부른다. 특히 물리적 상태와 비교할 때, 미적 상태의 인간은 감성적 욕구에서 자유롭기에 사물의 직접적 이용이나 소유에는 관심을 기울이지 않는다(앞서 보았듯, 칸트도 취미판단의 성격을 이렇게 규정한다). 그 대신 미적 상태의 인간은 "구체적 현상을 표상하면서도 현상의 경험에 자신을 내맡기지 않을 수 있는 상상의 문화"(Alt, 2000, Bd. 2: 146)를 즐기게 된다.

이런 맥락에서 실러는 미와 예술(아름다운 사물)의 성격을 '가상Schein'이란 개념으로 규정하기도 한다. 이를 위해 실러는 먼저 문명사적 논증에 의해 가상 개념을 가치 절상시키며, 다음으로 인간의 오감 중에서 시각이 지닌 탁월한 문화적 기능을 논한다.

> 야만적인 인간이 인성을 갖추었음을 알리는 표지가 되는 현상은 어떤 것인가? 역사에 묻는다면 동물적 상태의 노예 단계에서 벗어난 모든 민족이 동일한 모습을 보여준다. 즉 가상을 기뻐하는 것, *치장*과 *놀이*를 향한 취향이 그런 표지라고 말이다. (...) 그러므로 현실의 욕구나 실제적인 것에 대한 집착이 결핍에서 나온 것일 경우에만, 현실에 대한 무관심과 가상에 대한 관심이 인성의 진짜 확정이자 문화를 향한 결정적인 발걸음이 되는 것이다. 가상에 대한 관심은 먼저 외적인 자유에서 온다. 곤궁이 지배하고 필요성이 압박을 가하는 동안 상상력은 엄격한 쇠사슬로 현실에 꽁꽁 묶여 있다. 필요성이 충족되고 난 다음에야 비로소 상상력은 그 자유로운 능력을 펼칠 수가 있다. 그러나 이런 관심은 내적인 자유에서 나오는 것이기도 하다. 외부의 어떤 물질에도 의존하지 않고 스스로를 통해 움직이는 힘, 달라붙는 물질을 멀리할 수 있을 만큼 충분한 에너지를 갖춘 힘을 우리에게 보여주어야 하기 때문이다(실러, 2012: 194-195).

가상을 창조하고 향유하는 능력의 발현은 참된 인간, 물리적 욕구로부터 해방되어 자유를 누릴 수 있는 인간의 탄생을 표시한다. 가상은 인간의 문화형성과 불가분의 관계가 있다. 그런데 실러에 따르면 가상의 이러한 문화적 형성력에서 특히 중요한 기능을 하는 것이 인간의 시각 능력이다(서두에서도 보았듯, 고래로부터 가상은 시각과 깊은 관련이 있는 개념이다). 인간 생활에서 다른 저급한 감각보다 시각이 중요하게 되면서 인간은 높은 문화로 이행하기 때문이다.

> 인간이 야만적인 동안에는 접촉기관만을 이용해 즐긴다. 이 시기에 가상의 감각기관들은 접촉기관을 위해 기능할 뿐이다. 인간은 보는 경지까지 이르지 못했거나 아니면 보는 것만으로 만족하지 못한다. 눈으로 즐기기 시작하자마자, 그래서 보는 일이 인간에게 독자적 가치를 갖게 되자마자 인간은 이미 미적으로 자유로운 것이며 놀이충동은 이미 발전한 것이다(실러, 2012: 196-197).

물론 이처럼 문화적으로 중요한 가상은 어디까지나 유희하는 가상, 즉 미와 예술의 가상뿐이다. 문화적으로 중요한 이 가상은 기만이나 착각 혹은 오류란 의미의 가상과 전혀 관계가 없다. 기만이나 착각 등은 실러에 의해 "논리적"(실러, 2012: 195) 가상이라 불린다. 논리적 가상은 인간의 인식력을 오도하여 현실적인 것과 비현실적인 것을 혼동케 하며, 그 결과 진리를 인식하지 못하게 만든다. 이런 가상은 이론의 여지없이 기만"(실러, 2012: 195)이라 규정될 수 있다. 그러나 미와 예술의 가상은 논리적 가상과 달리 "기만적 치장"(실러, 2012: 201)으로 현실을 덮어버리는 "거짓되고 궁핍한"(실러, 2012: 199) 가상이 아니다. 미와 예술의 가상은 인간의 물리적 상태 및 도덕적 상태와 분리된 채 중간 상태에 머물러 있기 때문이다. 따라서 참된 예술가는 자신이 산출하는 가상으로 결코 다른 이를 속이거나 하려는 의도를 전혀 가지고 있지 않다. 만약 그럴 경우 이 가상은 더 이상 아름다운 가상이 아니라 논리적 가상이 될 것이기 때문이다. 참된 예술가, 가상의 제작자는 오직 "실체 없는 왕국에서만 (...) 주권을 갖는다. 그것도 이론적으로는 가상의 존재를 언급하지 않고, 실천적으로는 가상을 통해 실존을 알리려는 일을 포기하는 한에서만 주권을 갖는다"(실러, 2012: 198). 그렇기에 실러는 미와 예술의 가상이 지녀야할 본질적 성격을 다음과 같이 규정한다.

> 가상은 오직 *정직한* 한에서만(현실에 대한 모든 요구를 명백히 포기해야만), 그리고 *독자적인* 한에서만(현실로부터의 도움이 전혀 없어도 괜찮아야만) 미적인 것이다. 가상이 거짓된 것이어서 현실에 아부하면, 또는 순수하지 못한 나머지 자신의 작용을 위해 현실을 필요로 하게 되면 가상은 물질적 목적을 위한 저급한 도구에 지나지 않으며, 정신의 자유에 대해 아무것도 증명할 수 없게 된다(실러, 2012: 198-199).

미와 예술의 가상은 기만을 궁극적 의도로 갖지 않는 한, 그리하여 이론과 실천의 영역 어디에도 관여하지 않는

한 독자적인 가상으로 머문다. 그런데 실러에 따르면, 독자적인 미적 가상의 산출은 인간이 지닌 능력 중 주로 상상력의 산물이다. 볼프와 바움가르텐 이후 칸트에게서도 인간의 가장 주요한 창작능력으로 인정된 상상력(구상력)은 이처럼 실러에 의해서도 예술적 가상의 산출능력으로 규정된다. 상상력은 물리적·현상적 세계에 얽매이지 않고 "그 고유의 절대적 입법권"(실러, 2012: 202)에 의해 가능성의 무한한 영역을 개발하여 가상의 세계를 창조해낸다. 인간이 사물을 "모방"(실러, 2012: 202)하여 고유한 미적 가상을 만들어내는 것이다. 그렇기에 "사물들의 현실성은 사물 자체의 작품"이지만 "사물의 가상은 인간의 작품"이다(실러, 2012: 195). 이처럼 예술과 미는 현실과 구분되는, 그리고 이론 및 실천과 구분되는 '자율적 가상'의 영역을 이룬다는 것이 실러의 견해이다.

여기서는 자세히 다루지 않겠지만, 실러는 『미적 교육』에서 미적 가상에 의한 유토피아 사회의 실현을 꿈꾼다. 그가 말하는 '미적 교육'의 목표는 현실적 모순의 치유와 인간 총체성의 회복에 있다. 이 목표는 미와 예술의 유희 및 가상 성격과 자율성에 기초해서 도달된다. 물론 그의 이러한 기획은 지나치게 이상적인 것이었고 그 실현의 가능성은 요원한 것이었다. 그렇지만 실러의 야심찬 기획은 20세기 여러 사상가에게도 적지 않은 영향을 주었다. 우리는 그 대표적인 예로 헤르베르트 마르쿠제Herbert Marcuse(1898-1979)를 들 수 있다. 마르쿠제 또한 자본주의적 산업사회의 다양한 모순에서 벗어날 길을 자율적·가상적 예술에서 탐색했다(마르쿠제, 1992: 200-254; 제임슨, 1993: 95-125). 하지만 이 책에서는 지면의 제약으로 이 사상가에 관해 더 논할 기회가 없을 것이다. 그 대신 마르쿠제에게 직간접적으로 영향을 끼친 또 다른 사상가인 헤겔의 미학 사상과 그의 가상 개념을 살펴보는 것에 만족하도록 하자.

7. 헤겔

게오르크 빌헬름 프리드리히 헤겔Georg Wilhelm Friedrich Hegel(1770-1831)의 미학사상은 그가 수차례 행한 미학강의에 집약되어 있다. 하지만 여기서는 먼저 『철학대계*Enzyklopädie der philosophischen Wissenschaften*』(1830)에서 표명된 견해부터 살펴보기로 하자. 이 저작에서 그는 '예술'에 관한 논의(§§ 556-563)를 '이념상Ideal'이란 개념의 설명으로 시작한다.[3] 이념상은 이념을 직관적으로anschaulich 구현한 상을 뜻하는데, 헤겔에 따르면 이것이 곧 "미의 형상"(헤겔,

3) 'Ideal'은 보통 '이상'이라 번역되지만, 헤겔 저작의 번역에서는 '이념Idee'의 구체적 상이란 뉘앙스를 살리기 위해 이 개념을 흔히 '이념상'이라 번역하곤 한다. 이 책에서도 헤겔과 관련해서는 이 단어를 '이상' 대신 '이념상'이라 번역하겠다.

1992: 449)이다. 즉 아름다운 형상은 이념을 직관적으로, 달리 말해 감성에 직접 포착되는 방식으로 구현한다. 헤겔의 사유에서 아름다운 형상은 예술의 산물과 동의어로 간주될 수 있으며, 따라서 그에게 예술의 산물은 "이념상으로서 (...) 절대적 정신의 구체적 직관과 표상"(헤겔, 1992: 449)이란 성격을 갖게 된다.

예술작품에서 실현된 이념의 구체적 현현이란 이러한 관념을 헤겔은 수차례에 걸친 미학강의에서 '가상' 개념과 결부시킨다. 예컨대 1823년의 미학강의에서 예술의 산물은 "순수하게 감각적인 가상이며 더 구체적인 형식으로는 형상"(헤겔, 2008: 97)이라 규정되고, 1826년 강의에서는 이런 진술도 발견된다. "예술은 가상을 통해서, 기만을 통해서 이념을 구현한다고 말할 수 있다"(Hegel, 2004: 44). 요컨대 예술의 아름다운 가상이란 한갓 속임수에 불과한 것이 아니라 예술이 그 "실존의 방식"(헤겔, 2008: 78)으로 가져야 할 요건이다.

이상의 내용에서 짐작할 수 있듯, 헤겔 미학에서 미감적 가상이란 개념은 '이념'과 '이념상' 및 '예술'이란 개념과 긴밀한 관계를 맺고 있다. 그런데 이 개념들 사이의 관계를 적절히 파악하려면 헤겔의 사유 체계 전반에 관한 이해가 선행되어야 한다. 헤겔에게서 미와 예술이란 사안은 체계에 근거해서만, 다시 말해 모든 대상에 관한 인간 지식의 근본맥락 속에서만 이해되는 것이기 때문이다. 헤겔 스스로 말하듯, "예술은 전체 자연의 내용을 사용하는데, 이 자연은 이미 다른 학문들의 대상이며 그래서 이미 그 이전에 논술된 것이다. 그렇다면 이러한 전제들은 학문적으로 이미 논술된 것으로 받아들여져야 한다"(헤겔, 2008: 80). 그러니 우선은 헤겔이 체계화하려 한 철학의 근본 도식이 어떤 것인지 간략히 알아보기로 하자.

헤겔은 우리가 이 책에서 가장 먼저 다룬 파르메니데스와 유사한 생각을 품은 사상가였다. 헤겔 또한 사유와 존재의 통일을 철학의 출발점으로 삼은 것이다. 존재하는 것은 사유될 수 있으며 또 사유되는 것만이 참된 존재이다. 사유와 존재는 일치한다. 하지만 두 사상가의 생각에는 본질적으로 다른 점이 있다. 파르메니데스에게 생성·변화하는 자연, 즉 현상계는 사유와 일치하지 않는 것이며, 따라서 존재가 아닌 가상에 불과했다. 파르메니데스는 신체적 존재로서 우리가 경험하는 세계를 배제한 채 사유와 존재의 일원론을 제시한 것이다. 반면 헤겔은 우리가 감성적으로 경험하는 세계를 포함하는 일원론을 제안한다. 이 일원론은 헤겔의 『정신현상학*Phänomenologie des Geistes*』(1807)에서 다음과 같은 명제로 공식화된다. "궁극적 진리는 실체Substanz로서 뿐만이 아니라 이에 못지않게 주체Subjekt로서 파악돼야만 하고 또 이와 같이 표현돼야만 할 것이다"(헤겔, 1995, 제1권: 74).

칸트와 비교한다면, 헤겔은 현상과 사물 자체의 구분을

지워버린다. 달리 말해, 헤겔은 우리 인식이 현상에 국한될 뿐이며 인간에게 사물의 참모습, 이른바 사물 자체의 인식이란 불가능하다는 칸트의 주장을 받아들이지 않는다. 칸트가 인간의 형이상학적 충동은 인정하면서도 전통적 형이상학의 관념을 인식의 영역에서 배제하려 했다면, 헤겔은 다시금 존재의 참모습을 남김없이 파악하려는 형이상학의 관점으로 돌아가는 것이다.

위의 인용에서 '궁극적 진리'는 헤겔이 생각하는 세계의 참된 모습이란 뜻으로 이해되어도 좋다. 그렇다면 그 참된 모습이 실체인 동시에 주체로 파악되어야 한다는 것은 무슨 뜻인가? 여기서 우리는 스피노자 식의 범신론을 연상해 봐도 좋을 듯하다. 범신론이란 신과 우주 전체를 동일시하는 사고방식을 말한다. 범신론에 따르면, 개개 인간과 그들의 생각이나 감정에서부터 이들이 이루는 문명, 혹은 동식물과 사소한 흙 알갱이, 눈에 보이지 않는 공기 입자에 이르기까지 우주의 모든 것이 신의 모습이다. 모든 사물에는 신성이 들어 있을 뿐 아니라, 우주의 생성·소멸하는 다양한 사태와 사물이 모두 단 하나뿐인 신의 모습인 것이다. 헤겔에게서 이런 신은 '절대정신der absolute Geist'이라 불린다. 그런데 정신은 생각함을 본질로 한다. 절대정신 또한 인간에게서 발견되는 의식 같은 것을 지니고서 생각하는 존재이다. 그리고 바로 이런 의미에서 절대정신은 '주체'이다. 생각은 혹은 의식은 대상을 필요로 한다. 절대정신의 사유에도 대상이 필요하다. 그렇다면 그 대상은 무엇인가? 그것은 이 세상에 존재하는 모든 것이다. 서양 형이상학에서 참으로 존재하는 것은 실재나 현실 혹은 실체라 불리곤 한다. 따라서 주체인 절대정신은 실체를 사유의 대상으로 삼는 것이다. 그런데 범신론적 구도에서 본다면 절대정신은 동시에 이 세상의 모든 것이기도 하지 않은가? 요컨대 절대정신은 실체이기도 하다. 그리고 바로 이런 의미에서 헤겔에게 궁극적 진리, 즉 이 세상의 참된 모습이란 주체인 동시에 실체로도 사유되어야 마땅하다.

헤겔의 철학이 보통의 범신론과 다른 점은 그가 운동의 계기를 끌어들인다는 사실에 있다. 여기서 운동이란 정신의 발전을 가리킨다. 최초에는 분명 정신이기는 하지만 아직 대상에 관해, 즉 자기 자신에 관해 아무런 사유도 전개하지 않는 존재가 있다. 이런 정신은 아직 '그 자체로 있음 das An-sich-Sein'(이 말은 흔히 '즉자존재'라고도 번역된다)이라 불리며, '추상적 개념'의 상태라고도 지칭된다. 그런데 이 상태로 있던 정신이 - 어떤 궁극목적을 품고서 세계를 운동시키는 아리스토텔레스의 신처럼(Disse, 2001: 258) - 사유를 전개하기 시작한다. 이런 사유의 운동 과정에서 정신 자체의 모습이 점점 더 확연하게 드러난다. 그 모습을 헤겔은 정신의 바깥으로 드러남, 즉 '외화'라고도 표현한다. 정신이 사유를 계속 전개할수록, 달리 말해 정신 자신에 대한 앎이 점점 더 높은 단계에 이를수록 정신의 외화 또한 모습을 달리한다(정신은 주체이자 실체이다. 따라서 정신이 주체로서 사유하는 것과 실체로서 모습이 바뀌어 나간다는 것은 분리된 과정이 아니다. 헤겔에게 양자는 결국 동일한 것이다). 정신은 자연으로, 그리고 인간으로 외화된다.

인간은 자연의 일부로서 신체를 가진 존재자이지만 정신 내지 영혼 또한 지니고 있다. 절대정신은 인간을 매개로 의식을 발전시키고 문화를 형성케 하고 역사를 일구어 나간다. 정신은 그렇게 실체로서 전개되면서 주체로서 그러한 자기 자신을 파악한다. 그런데 인간을 그리고 그의 의식을 매개로 전개되는 정신은 더 이상 단순히 '그 자체'에 머무는 존재가 아니다. 인간의 의식은 분명한 대상의식의 형태를 갖기 때문이다. 정신은 이 지점에서 확연히 자기 자신에 대해 거리를 갖고 그에 관해 탐구하는 무엇이 된다. 헤겔의 표현을 빌면, 정신은 '스스로에 대해 있음das Für-sich-Sein'(대자존재)의 상태에 있게 된다. 그리고 정신은 인간이 이룩한 예술과 종교와 철학의 단계에서 마침내 자신의 참된 모습을 완전히 이해하게 된다(달리 표현하면, 정신은 이제 진정으로 '절대적인' 정신이 된다). 정신의 참된 모습이란 주체이자 실체로서 그가 운동을 시작한 이래(역사의 전개) 외화되어 나타난 모든 것(전체)이다. 그리고 그 모든 것에 관한 참된 앎은 (헤겔 자신의) 철학으로 집약된다. 다시금 헤겔의 표현을 빌면, 철학의 단계에서 정신은 이제 오랜 여정을 끝내고 스스로에게 귀환한다. 이 단계의 정신은 절대정신 '그 자체'란 점에서 변함이 없지만 '스스로에 대한'의 과정도 섭렵했다. 그렇기에 이제 귀환의 운동, 원환의 운동을 마친 절대정신은 헤겔에 의해 '즉자대자적 an-und-für-sich'이라 불린다.

> "결국 진리는 전체이다. 그러나 이 전체는 오직 스스로의 전개 과정을 통해서 자기완성을 기하는 바로 그러한 존재Wesen이다. 이와 더불어 절대자에 대해서 얘기한다면 그것은 어디까지나 결과이며 동시에 이것은 종말에 가서야 비로소 그의 참모습을 드러낼 수 있으므로 여기에는 또한 현실적인 것, 주체, 혹은 자기의 생성·발전이라고 하는 절대자의 본성도 담겨 있다"(헤겔, 1995, 제1권: 76-77).

방금 보았듯, 헤겔에게 예술은 정신이 스스로에 관한 참된 앎에 도달하는 영역, 다시 말해 절대정신으로 실현되는 영역의 하나이다. 그런데 헤겔은 이런 자신의 견해가 플라톤 이래로 강고한 힘을 행사해온 예술관과 충돌하는 것임을 의식한다. 그런 예술관에 따르면 감성은 진리를 불순케 하는 착오의 근원이기에 감성 내지 감성적 직관에 의존하는 예술은 진리의 올바른 매체가 될 수 없다. 달리 말해, "예술은 가상에 관계되며 기만 속에서 생존"하는데, "참다운 목적은 기만과 가상에 의해 장려되어서는 안 되며, 가상은 참다운 목적을 위한 참다운 수단이 아니라는" 반론이 제기될 수 있다(헤겔, 2008: 77-78). 이에 대해 헤겔은 다음과 같은 반론을 제기한다.

> "우리가 가상을 존재하지 않아야 되는 것으로 설정한다면 예술의 현존은 확실히 기만이다. (...) 그러나 가상이라는 것, 그 가상이 본질에 대해 어떤 관계를 가질 것인가에 대해서는 모든 본질, 모든 진리는 공허한 추상이지 않으려면 현상해야만 한다고 말해야 한다. (...) 가상은 비본질적인 것이 아니라 존재 자체의 본질적인 계기이다"(헤겔, 2008: 78).

가상을 본질의 필연적 매체라 규정하여 플라톤 이래 예술관을 무력화시키려는 이 논증은 헤겔의 『논리학*Wissenschaft der Logik*』 중 '본질론Die Lehre vom Wesen'(1813)의 논의를 그 원형으로 한다(헤겔, 1997, 제2권: 22-31). 이 저작에서 헤겔은 가상과 본질의 관계를 상호관계로 정립한다. 가상은 본질을 가리는 베일이 아니라 본질에 의해 정립된 가상, 본질의 고유한 가상이다. 본질은 단순히 그 자체로 머물지 않고 가상으로 외화되어야 본질로 식별될 수 있기 때문이다. 플라톤과 관련해서도 잠시 언급했듯, 본질과 가상(현상)이 칼로 자르듯 분리되면, 본질 자체에 관해 사유하거나 말하기가 불가능해진다. 우리는 본질이 가상에 '관여'한다고 전제할 수 있을 때에야 현상의 사물을 단서로 본질을 사유하게 된다(람베르트도 이와 유사한 말을 한 적이 있다). 이런 의미에서 "가상은 본질로 들어가는 길을 막는 장벽, 실재 앞에 놓인 장막이 아니라 실재에 의해 필연적으로 정립되며, 따라서 본질에서 분리되어 있지 않고 본질에 통합되어 있다"(테일러, 2015: 479). 그렇기에 헤겔은 본질이란 "지기 안에서 내비춤(Scheinen in ihm selbst)"(테일러, 2015: 479-480)이라 말하는 것이다. 헤겔의 이런 사유에서는 즉자존재란 대자존재로 되어야 한다는 논리구조가 다시 발견된다. 본질은 그 자체로 머물지 않고 외화된 형태를 갖춰야 의식될 수 있다.

『논리학』에서 전개된 가상과 본질의 관계 규정은 미학 강의들에 나오는 아름다운 가상 개념에 관한 논의와는 다소 맥락을 달리한다(Figal/Flickinger, 1979: 211-215). 하지만 기본적인 논증의 도식은 같다고 말할 수 있다. 미학 강의에서 헤겔은 우선 이런 말을 한다. "신은 외화되어야 한다. 현현Scheinen되어야 한다. (...) 그렇지 않으면 신은 그저 추상일 뿐, 내적 진리가 아닐 것이다"(Hegel, 1995: 26). 이것은 방금 소개한 즉자존재의 대자존재화란 테제를 반복하는 언술이다. 하지만 이런 주장이 곧바로 미의 가상 성격을 정당화하기는 어렵다. 플라톤 이래로 본질 내지 진리의 현현에서는 흔히 두 종류가 구분되기 때문이다. 신체적 감각으로 경험되는 외부세계 또한 본질 내지 참된 존재와 비교하면 가상이다. 그러나 플라톤도 '관여'란 개념을 끌어들여 말하듯 이 외부세계는 본질과 전혀 무관한 것이 아니다. 헤겔의 용어로 표현하면 이 외부세계는 본질의 외화로서의 가상이다. 하지만 예술의 가상은 이런 가상과 다르지 않은가? 플라톤 이래로 예술은 이런 가상보다도 못한 가상, 본질과 거의 무관한 감각의 놀이 정도로 치부되지 않는가? 이에 대해 헤겔은 다음과 같은 반론을 펼쳐 미와 예술의 가상을 정당화한다.

> "우리는 예술에 속하는 이 가상이 하나의 기만으로 보일 수 있다고 말했다. 그것은 그 물질성에서 우리를 둘러싸고 있는 외부세계와 비교하면 그러하며, 또한 우리의 내면의, 감성적 세계와 비교해도 그러하다. 우리는 외부세계를 기만이라 부르지 않으며, 또한 우리의 내면, 의식 속에 있는 것도 기만이라고 부르지 않는다. 우리는 그러한 모든 것을 현실이라고 부른다. 이러한 현실에 반해 예술의 가상을 기만이라고 규정할 수도 있을 것이다. 그러나 우리는 보통 현실로 타당하게 여기는 것이 예술의 가상보다 더 강한 기만, 더 참되지 않은 기만이라는 것을 더욱 정당하게 주장할 수 있을 것이다. (...) 우리가 아는 것처럼 감각, 외적 대상들의 이러한 직접성의 피안에서야 비로소 참다운 현실이 있다. 그렇다면 이러한 외적인 것은 더 고차적 의미에서 예술의 가상보다 더 심한 기만이라고 말할 수 있다"(헤겔, 2008: 78-79).

정신의 발전 단계로 본다면, 외적세계는 정신의 외화 형태로서는 아직 낮은 단계에 속한다. 이 단계에서는 정신의 참된 모습이 아직 제대로 드러나지 못하는 것이다. 그에 비해 예술은 이런 직접적 세계와 정신을 매개하는 기능을 한다는 것이 헤겔의 주장이다.

> "예술은 그 가상에서 자기 자신을 통해서 더 지고한 것, 즉 사유를 시사한다. 그러나 직접적 감각성 그 자체는 사유를 시사하지 않고 오히려 (…) 더 지고한 것을 은폐시킨다. 예술은 이와 반대로 그 표현 속에 이러한 것, 즉 지고한 것을 지시하는 것을 가지고 있다. 우리가 자연, 외부세계라고 부르는 것은 정신으로 하여금 자기를 인식하기 어렵게 한다. 가상의 성질에 대한 이러한 고찰에 따르면, 예술이 가상에 의해서 진리의 다른 방식과 구별되는 것이 아니라 오직 진리의 가상방식에 의해서 그러하다는 결과가 나온다"(헤겔, 2008: 79).

헤겔에게 예술의 가상은 진리와 대립하는 것이 아니다. 오히려 그것은 진리의 외화방식, 그것도 - 직접적 외부세계와 비교할 때 - 상당히 고차원적인 외화방식의 하나이다. 예술의 아름다운 가상은 절대자(정신 혹은 본질)에 관한 앎의 획득에서 주요한 역할을 수행하기 때문이다. 즉 예술의 가상은 즉자존재로서의 절대자, 달리 말해 '추상적 개념'으로서의 절대자를 실재성과 매개하는 기능을 수행한다.

이런 맥락에서 헤겔은 가상으로서 예술의 미를 '이념'이라 부른다. "미는 그 자체 이념이며, 더구나 어떤 특정한 형식으로 있는 이념이다"(헤겔, 2008: 127).

헤겔이 제시하는 간명한 규정에 의하면, "이념은 개념과 실재성의 통일, 즉 양 측면의 구체적인 일치이다"(헤겔, 2008: 127). 이 규정의 근저에 놓인 것은 다시금 절대자 내지 정신이 즉자존재에서 대자존재를 거쳐 즉자대자존재에 이른다는 관념이다. 즉자존재로서의 정신, 즉 사유의 운동을 전개하기 이전의 정신은 아직 순수한 내지 추상적인 개념에 불과하다. 그에 비해 다양한 개별자로 외화되고 종내는 이 다양을 실체로서의 자신이라 분명히 파악한 정신은 추상적 개념이 아닌 절대적 개념, 달리 말해 이념의 상태에 이른 것이다(헤겔, 2008: 127-130). 이런 의미에서 이념은 개념과 실재성의 통일이며, 보다 높은 단계에서 실현된 개념이다. 물론 애초 순수 개념 상태의 정신에 이러한 통일이 부재한다고 말하기는 어렵다. 운동을 전개하기 이전에도 정신은 어디까지나 실체와 주체의 통일이기 때문이다. 다만 그 통일이 이념에서는 분명하게 확인되는 것이라 말할 수 있다. 즉 "개념의 층위에서 개념과 실재성의 통일이 함축적으로 개시되었다"면, 이제 "이념에서는" 그것이 "명시적으로 포착된다"(Paetzold, 1983: 198).

앞서 정신이 예술·종교·철학에서 절대정신의 단계에 이른다고 말했다면, 이는 정신이 절대적 개념, 즉 이념에서 포착되는 단계에 도달했다는 뜻이기도 하다. 예술·종교·철학이란 절대정신의 세 가지 형식 중에서 우리의 관심사는 그 첫 번째인 예술이다. "예술은 사유를 진술할 수 있기 위해 종교와 철학과 함께 최고의 규정을 공유한다. 예술은 이 양자와 마찬가지로 신적인 것, 정신의 최고의 요구들을 나타내고 의식하게 하는 방식이다"(헤겔, 2008: 80-81). 이러한 예술은 헤겔에게 미의 본령을 이루는 것이기도 하다. 칸트는 취미판단, 다시 말해 미감적 경험의 주된 영역을 자연으로 보았던 반면, 헤겔에게 미란 근본적으로 예술의 미이다. 그리고 헤겔의 사유에서 예술로서의 이념은 흔히 예술미와도 동의어로 사용된다(헤겔, 2008: 160). 더 나아가 헤겔은 예술 내지 예술미로서의 이념을 - 종교 및 철학에서 포착되고 표현되는 이념과 구분하여 - '이념상'이라고도 부른다(Hegel, 1995: 40; 헤겔, 2008: 160).

이념상은 이념이 드러나는 한 가지 방식이다. 그것은 "즉자대자적인 것이어야 하는 개념", 즉 이념을 적절히 표현하는 구체적 무엇, 헤겔의 말로는 "현존재Dasein"이다(헤겔, 2008: 162). 고로 이념상은 이념의 성격을 갖는 동시에 구체적 형태도 갖추어야 한다. 이런 이념상의 성격을 설명하기 위해 헤겔은 실러의 시 한 편을 거론한다. "실러는 시 한 편에 '이념상(이상)'이란 제목을 붙였는데, 원래 그 제목은 '그림자의 왕국Reich der Schatten'이었다. 이는 아주 정확한 것이다. 그럴 것이 이념상은 유한성이 그림자로만 드리워진 진리이기 때문이다. 이념상은 순수히 부각되고 현현된 진리와 (...) 제거되고 배제되어야 할 유한성 사이에서 떠돈다"(Hegel, 1995: 40). 이런 의미의 이념상으로서 "예술은 순수한 사유, 초감각적 세계와 직접적인 것, 즉 현재적 감각 사이의 중간자이다"(헤겔, 2008: 81). 이런 중간자의 성격을 헤겔은 다음과 같이 상론한다.

> "이념상은 현실적인 것 및 이념과 구분된다. 현실적인 것은 그것에서 외면성이 아직 본질적 계기이기에 제약되고 유한한 것이며, 그런 점에서 이념상은 현실적인 것과 구분된다. 또 이념은 개념과 실재의 통일이기는 하지만 그 실재란 사유된 것이며, 그런 점에서 이념상은 이념과 구분된다. 이념상은 현실적이면서도 현실적이지 않은 것이라 말할 수 있다. 그것은 아직 외적 실재를 갖고 있다는 점에서 현실적이다. 하지만 이념상은 그것이 개념이기에 그리고 이 개념의 실재이기에 현실적이지 않다"(Hegel, 1995: 40).

중간자로서의 예술, 달리 말해 이념상은 이념이 "우리에 대해 현현함das Scheinen-für-uns"(헤겔, 2008: 134)이다. 이념상은 외적 현실의 구체적 사물로 '존재'하고 있지만, 그것은 이념의 '현현(빛남)'이란 의미에서 가상이기도 하다. "이 형태는 우리에 대하여 존재하는 것Seiendes인 동시에 현현하는 것Scheinendes으로서 있어야 한다. (...) 우리에 대해 가상Schein으로 정립되어 있어야 하는 것이다”(헤겔, 2008: 134). 가상으로 존재하는 예술의 산물은 정신의 본질적 내용을 삭감하지 않으면서도 그 내용의 감성적 직관화를 수행할 수 있다.

그렇지만 헤겔은 예술이 “순수한 사유, 초감각적 세계와 직접적인 것, 즉 현재적 감각 사이의 중간자”로서 절대정신을 표현하지만 “진리를 나타내는 최고의 방식은 아니”라고 말한다(헤겔, 2008: 81). 아름다운 가상, 즉 예술은 형식으로나 내용으로나 이념 자체, 즉 절대자와 동일시되지 않는다. 예술은 언제나 외적 질료에 의존하며, 그렇기에 이념 내지 정신이 제약을 갖고 나타난 형상일 뿐이다.

> “절대정신이 형태화의 그러한 개별성에서 명시적으로 드러날 수는 없다. (...) 내용의 본질적 제한을 지닌 채로 아름다움 일반은 직관이나 형상에 정신적인 것이 침투된 무엇, 즉 형식적인 무엇으로 될 뿐이다. 그 결과 사상의 내용이나 표상 그리고 사상이 자신의 상상을 위해 사용하는 소재는 지극히 다양하고 심지어 아주 비본질적인 종류의 것이다. 그렇다 해도 작품은 어떤 아름다운 것, 하나의 예술작품일 수가 있다”(헤겔, 1992: 450).

이미 언급했듯, 헤겔의 사유체계에서 절대자를 표현하는 형식은 예술 외에 두 가지가 더 있다. 그것은 종교와 철학이다. 헤겔에 따르면, 정신의 ‘궁극적’ 통일은 철학의 단계에서야 비로소 실현된다(헤겔, 1992: 458). 이렇게 볼 때, 헤겔의 사유에서 예술작품의 'Schein'은 진리의 내비침, 현상에 드러남이란 의미와 더불어 아직 궁극적 진리가 아닌 환영이란 의미 또한 함축한다.

8. 니체

프리드리히 니체Friedrich Nietzsche(1844-1900)의 사상에서 '가상' 개념은 핵심을 이룬다. 그에 의한 가상의 가치 절상은 플라톤 이래 서양 형이상학에 대한 강력한 비판을 함축하고 있다. 이 점은 니체의 최초 저작 『비극의 탄생 *Die Geburt der Tragödie*』(1872)에서부터 분명하게 확인된다. 이 저작에서 니체는 가상 개념을 중심에 놓고 예술에 대한 플라톤의 관점과 자신의 관점을 첨예하게 대립시킨다. 우리가 이미 알고 있듯, 플라톤에 따르면 "예술은 가상의 모방"이기에 "경험 세계보다 더 낮은 영역에 속한다" (니체, 2005, 제2권: 110). "현실을 초월하고자" 하고 "저 사이비-현실을 지탱하는 토대로서의 이데아"(니체, 2005, 제2권: 110)를 제시하려는 플라톤에게 예술은 이중의 사이비이기 때문이다.

그러나 니체는 플라톤이 말하는 '사이비-현실 밑의 토대', 즉 "우리가 (...) 살고 존재하는 이 현실 밑의 (...) 전혀 다른 현실"이라는 것 또한 "하나의 가상"이 아닐까 하는 물음을 제기한다(니체, 2005, 제2권: 31). 감성의 교란 없이 이성에 의해 포착되는 원형의 세계, 생성과 변화에서 벗어나 있는 세계란 관념에 회의를 품는 것이다. 여기서 니체는 이데아와 현상이라는 플라톤의 도식 대신 세계 심층에 놓인 두 가지 근거, 달리 말해 자연의 근본적인 두 가지 충동을 세계 원리로 내세운다. 그 두 가지 충동이란 '아폴론적인 것'과 '디오니소스적인 것'이다(니체, 2005, 제2권: 29).

니체가 제시하는 이 두 가지 요소 내지 충동은 존재자들이 처해 있는 세계 상황과 깊은 연관이 있다. 니체에게 인간이 경험하는 세계란 플라톤이 말하는 '사이비-세계'뿐이다. 즉 조화와 균형과 안정을 특징으로 하는 항상성의 세계, '고유한 실재'란 인간 경험 바깥에 있다. 존재자, 특히 인간이 접하는 것은 오직 생성·변화에 굴복하는 세계뿐이며, 이런 세계에서 존재자들은 고통과 모순에 시달리고 있다. 이때 존재자들이 겪는 최대의 고통은 물론 유한성, 달리 말해 소멸(죽음)이다. "진정으로 존재하는 자(...)는 영원히 고통 받는 자와 모순에 가득 찬 자"(니체, 2005, 제2권: 45)이다. 니체에 따르면, 이런 존재자는 유한한 생을 유지하기 위해 "지속적인 구원을" 소망하며, 이를 위해 "매혹적인 환영과 즐거운 가상"을 필요로 하기 마련이다(니체, 2005, 제2권: 45). 이런 욕망에서 비롯되는 것이 바로 '아폴론적 요소 내지 충동'이다. 고대 그리스 신화에서 아폴론이 조형예술(조각, 회화, 시)의 신이라는 점이 시사하듯, 매혹적 환영과 가상을 추구하는 '아폴론적인 것'은 "강력한 예술 충동"(니체, 2005, 제2권: 45)이라 이해될 수도 있다.

> "우리가 한번 우리의 고유한 '실재'를 잠깐 동안 도외시하고 우리의 경험적 실존을 세계 일반의 실존처럼 매순간 만들어진 근원적 일자의 표상으로 파악하면, 우리는 이제 꿈을 *가상의 가상*으로, 가상에 대한 근원적 욕망의 보다 고차원적인 충족으로 여겨야 한다. 바로 이와 동일한 근거에서 자연의 가장 내면적인 핵심은 소박한 예술가 그리고 '가상의 가상'에 지나지 않는 소박한 예술 작품에 대해 이루 형용할 수 없는 욕망을 느낀다"(니체, 2005, 제2권: 45-46 - 강조는 원문에 근거함).

요컨대 생성·변화하며 우연적일 뿐인 세계, 플라톤의 말로 가상의 세계에서 존재자는 이 가상에 아름다운 가상을 덧씌워 '구원'을 모색한다. 그런데 여기서 아름다운 가상은 반드시 예술만을 뜻하는 것이 아니며, 아폴론적인 것은 오직 예술만을 산출하는 충동이 아니다. 아폴론적인 것은 좀 더 넓은 의미에서 혼돈에 질서를 부여하는 충동으로 이해되어야 한다. 고대 사유에서 미가 질서·조화·균형으로 이해되었다면, 아폴론은 무상하고 우연적인 세계에 질서와 형태를 부여한다는 의미에서 미의 신이다. 그리고 니체에 의하면, 이처럼 질서와 형태를 부여한다는 것은 혼돈

속에서 (허구적으로) 개체들을 구성해내고 거기에 정체성을 부여하는 행위, 환언하면 세계에 의미를 부여하는 행위라고 이해될 수도 있다.

다른 근본 요소인 '디오니소스적인 것' 또한 하나의 예술 충동이다. 그러나 이 충동이 추구하는 방향은 아폴론적인 것과는 정반대이다. 디오니소스적인 것은 질서와 형태를 부여받은 세계에 다시 한 번 근원적 혼돈을 부활시키는 충동이기 때문이다. 디오니소스적인 것은 아폴론적인 것에 의해 산출된 개체성과 의미, 이런 것들의 형상적 세계가 고착화되는 것을 막는다. 이런 점에서 아폴론적인 것과 디오니소스적인 것은 반목하는 충동인 듯하지만, 사실 고대 그리스에서 이 두 가지 충동은 역동적 상호관계를 유지하면서 문화를 형성해 나갔다. 두 가지 충동의 이런 역동적 상호관계에서 표현되는 사상은 이런 것이다. 모든 형태화와 의미 정립은 생산이자 구성이란 의미에서 '아름다운 가상'이며, 영원히 반복되어야 할, 즉 고착화되어야 할 형태와 의미 따위는 애초에 없다. 달리 말하면, 동일성(아폴론적인 것)과 차이(디오니소스적인 것)의 유희가 무한히 계속되는 것이다(플룸페, 2008, 제2권: 54). 그리고 니체에 따르면 고대 그리스의 비극은, 두 가지 충동의 유희가 낳은 가상의 가상 중에서 최고의 작품이었다.

"두 개의 몹시 상이한 충동은 대체로 공공연히 서로 대립한 채,

'예술'이라는 공동의 낱말이 외견상으로만 연결시켜주고 있는 저 대립의 투쟁을 자신들 안에서 지속하기 위하여 더 강력하게 재탄생할 수 있도록 상호 자극하면서 공존해간다. 그 충동들은 (...) 서로 결합하여 나타나고, 이 짝짓기를 통해 마침내 디오니소스적이기도 하고 아폴론적이기도 한 아티케 비극을 산출한다"(니체, 2005, 제2권: 29).

이 초기저작에서 드러난 니체의 견해에 의하면, 고대 그리스 비극으로 대표되는 예술의 본질적 기능은 "계속 살아가도록 유혹하는 실존의 보완과 완성"(니체, 2005, 제2권: 42)에 있다. 니체는 비록 이 세계가 모순과 고통으로 가득 차 있음을 인정하지만, 이로부터 벗어날 길이 없다는 쇼펜하우어식의 염세주의에는 반대한다. 그의 관점에 따르면, 인간의 생존 욕망은 인간의 유일한 존재이유이며, 이 욕망에 의해 온갖 가상이 산출된다. 이 욕망을 보존하고 강화시키는 것이라면 무엇이든 좋은 것이며, 개중에서도 특히 예술의 가상이 탁월한 기능을 갖는다.

니체는 그리스 비극으로 대표되는 건강한 예술이 인간의 역사에서 어느덧 사라졌음을 진단한다. 그에 따르면, 이는 소크라테스주의 - 후일의 그는 플라톤주의라는 말을 더 선호한다 - 가 등장하면서부터이다. 소크라테스주의란 이성에 근거해 올바른 사고와 추론을 전개하면 참된 존재 내지 진리에 도달할 수 있고 또 이야말로 인간 삶의 가장 중요한 일이라 여기는 사고방식 내지 신념을 가리킨다(니체, 2005, 제2권: 100-139). 이 신념은 고대 그리스 이래로 기나긴 시간동안 '진리 추구'의 이름으로 가상에의 욕망을, 더불어 인간의 온전한 삶을 억압해 왔다.

이런 신념에 대한 니체의 비판은 『비극의 탄생』과 같은 시기에 나온 소논문 한 편에서 분명하게 개진된다. 이 소논문의 제목은 「비도덕적 의미에서의 진리와 거짓에 관하여 *Ueber Wahrheit und Lüge im aussermoralischen Sinne*」(1873)이다. 세계의 질서와 의미가 구성적 산물, 즉 가상이라는 것이 『비극의 탄생』의 핵심적 주장의 하나였다면, 이제 이 소논문에서는 고르기아스와 플라톤 이래 주장되어온 존재와 사유(혹은 이 사유를 표현하는 언어)의 일치란 관념이 타파된다. 이 저작은 다음과 같은 우화로 시작된다.

> "수많은 태양계에서 쏟아 부은 별들로 반짝거리는 우주의 외딴 어느 곳에 언젠가 영리한 동물들이 *인식이라는 것을 발명해낸* 별이 하나 있었습니다. 그것은 '세계사'에 있어 가장 의기충천하고 또 *가장 기만적인 순간*이었습니다"(니체, 2005, 제3권: 443 - 강조는 필자).

니체에 의하면, 진리의 인식이란 것은 인간의 '발명' 내지 구성일 뿐이다. 그렇기에 진리란 것은 이미 태생적으로 '기만'에 지나지 않는다. 파르메니데스와 플라톤 이래로 서구의 합리론 전통은 참된 존재, 즉 실재가 인간 사유 및 이를 표현하는 언어와 일치할 수 있고, 이 일치가 다름 아닌 진리라는 관점을 유지해 왔다. 앞서 보았듯, 칸트는 이런 전통적 견해에 제한을 가한다. 그는 인간 인식의 구성적 성격을 부각시킨다. 물론 인간 인식이란 한갓 가상에 불과하다는 것이 칸트의 최종적 결론은 아니다. 칸트에 따르면, 인식의 구성은 이른바 선험적 원리의 지배를 받으며, 따라서 적어도 인간 사이에서는 객관적 인식과 학문의 정립이 가능하다. 즉 칸트에게서 인식은 - 예컨대 취미판단 내지 미감적 경험과 달리 - 객관을 구성할 수 있다.

니체는 인식과 학문의 정립이 가능하다는 칸트의 결론에 이의를 제기하지는 않는다. 다만 그는 인식의 구성과 인간의 미감적 경험을 구분할 필요를 전혀 느끼지 못한다. 양자는 본질적으로 동일한 근원에서 출발하며, 그 근원이란 바로 생을 유지하려는 개체의 의지이다. 고대 이래로 찬미되어온 인간의 인식능력, 즉 지성이란 것도 따지고 보면 "불행하고 연약하기 짝이 없는 존재들"이 "한 순간이나마 실존"을 유지하기 위해 사용하는 "보조수단"일 뿐이다(니체, 2005, 제3권: 444). 지성은 카오스적 세계를 질서의 세계로 위장하는 능력이며, 그 목적은 개체로 하여금 생을 유지케 하는 데 있다 "위장의 기예Verstellungskunst"(니체, 2005, 제3권: 444)[4)]인 지성은 개념 등의 언어를 사용하여 벌거벗은 세계에 옷을 입힌다.

세계를 재현한다는 지성의 '엄밀한' 개념들, 학문의 개념들은 사실 인간이 세계에 덧씌우는 다른 아름다운 가상들보다 더 나을 것이 없다. 앞서 아폴론적 충동과 관련해서 언급했듯, 인간은 고통과 모순으로 가득한 혼돈의 세계에 다양한 형태를 부여하여 삶을 유지한다. 이 다양한 형태, 아름다운 가상에는 인류가 유년기부터 사용해온 무수한 언어적 표현도 포함된다. 이를테면 신화 속의 은유나 비유 등이 그런 것이다. 그런데 니체에 따르면 이른바 진리를 표현한다는 개념이란 것도 이런 비유적 언어와 본질적으로 다를 바가 없다. 요컨대 개념은 실재와 일치하는(실재를 재현하는) 기호가 아니다.

> "우리가 나무, 색깔, 눈과 꽃들에 관해 말할 때, 우리는 사물 자체에 관해 무엇인가를 알고 있다고 믿는다. 그렇지만 우리는 본래의 본질들과는 전혀 일치하지 않는 비유들 외에는 사물들에 관해 아무것도 갖고 있지 않다"(니체, 2005, 제3권: 448).

그렇다면 전통적으로 이런 개념들로 구성되어 온 진리, 이른바 학문의 진리란 것도 실재와는 하등 관계가 없는 무엇이 된다(이런 견해에서 니체는 고대 소피스테스의 사상을 계승한다). 니체는 이렇게 말한다.

---

4) 번역본에는 '표상의 기술'로 잘못 옮겨져 있다.

"진리란 무엇인가? 유동적인 한 무리의 비유, 환유, 의인관들擬人觀Anthropomorphismen이다. 간단히 말해서 시적, 수사학적으로 고양되고 전용되고 장식되어 이를 오랫동안 사용한 민족에게는 확고하고 교의적이고 구속력이 있는 것으로 여겨지는 인간적 관계들의 총계이다. 진리는 환상들이다. 진리는 마멸되어 감각적 힘을 잃어버린 비유라는 사실을 우리가 망각해버린 그런 환상이다"(니체, 2005, 제3권: 450).

니체의 이러한 언어비판 내지 인식비판은 그의 후기 사상에서 전개될 형이상학 비판의 토대를 형성한다. 니체의 후기 사상에서도 형이상학은 지성에 의해 정립된 언어적 허구의 체계일 뿐이며, 이 체계의 목표는 생의 유지라고 주장된다. 생은 자신의 유지를 위해 아름다운 가상, 즉 진리라 간주되는 비진리를 필요로 한다. 합리적이라 여겨지는 인간의 진리-문화는 실상 비합리적 충동에 근거하고 있는 것이다(한자경, 1997: 220-232).

이런 니체의 견해는 전통적 형이상학의 입장과 정면으로 대립한다. 플라톤 이래 형이상학적 사유에서는 본질과 가상의 도식이 관철되어 왔으며, 이때 카오스로서의 세계는 감성이란 불완전한 매체의 착오, 즉 가상에 불과한 것으로 평가되었다. 반면 이성은 이런 카오스 너머에 있는 영원한 것, 본질적인 것, 항상적인 것을 포착한다. 그것은 본질, 실재, (참된) 존재, (참된) 현실, 절대자, 신 등으로 불린다.

그렇지만 니체에 따르면, 이런 본질이란 카오스적 "생성에서 고통 받는 자가 지어낸 허구"(니체, 2005, 제19권: 142)에 지나지 않는다. 이런 고안물을 낳는 인간의 의식과 이성은 "유기체에서 가장 뒤늦게 발전된 것이며 따라서 가장 미완성이고 가장 무력한 것이다"(니체, 2005, 제12권: 81). 유기체의 발전에서 가장 근원적인 것은 생의 다양한 자연적 충동이며, 이는 현재에 상태에 이른 인간 내면에서도 그렇다. 이성은 그런 근원적 충동에서 가장 멀리 떨어진 인간의 기관이며, 이성의 산물인 개념 또한 - 그 충동에 직접적으로 관계하고 있었던 언어에 비하면 - 생명력을 상실한 창백한 기호에 불과하다.

그렇다면 가장 불완전하고 무력한 이성이 인간의 최고역량이란 자리에 오르고, 창백한 추상적 개념이 모든 언어 중 가장 탁월한 지위를 얻게 된 까닭은 무엇인가? 또 이런 지성의 허구적 구성이었던 참된 존재, "처음에 가상이었던" 그것이 "결국 본질이 되어 본질로서 작용"하게 된 연유는 어디에 있는가(니체, 2005, 제12권: 128)? 니체에 따르면, 그 까닭은 '망각'에 있다(니체, 2005, 제3권: 450). 이성의 근원과 발생의 과정이 망각되고, 이른바 진리의 언어, 추상적 개념이란 것이 '마멸되어 감각적 힘을 잃어버린 비유'라는 사실 또한 망각되자, 이제 선후가 전도되어 "최후의 것, 가장 빈약한 것, 가장 공허한 것이 최초의 것으로, 원인 그 자체로서, 최고로 실제적인 존재자로서 규정"(니체, 2005,

제15권: 99)되는 형이상학적 체계가 생겨난 것이다. 그리고 형이상학은 자신이 '아름다운 가상'의 일종임을 망각한 채 충동적인 것, 자연적인 것을 증오한다.

> "인간적인 것에 대한 이러한 증오, 더욱이 동물적인 것, 더욱이 물질적인 것에 대한 이러한 증오, 관능에 대한 (...) 이러한 혐오, 행복과 미에 대한 이러한 공포, 모든 가상, 변화, 생성, 죽음, 소망, 욕망 자체에서 도망치려는 이러한 욕망 - 이 모든 것은 (...) 삶에 대한 적의이며, 삶의 가장 근본적인 전제들에 대항한 반발을 의미하는 것이다"(니체, 2005, 제14권: 541).

초기 사상에서 니체는 이처럼 생을 적대시하는 사고방식에 젖어 있는 인간형에 또 다른 인간형을 대립시킨 바 있다. 한편에는 "이성적 인간", 즉 "삶을 구원하기 위해" 개념들에 매달리는 "궁핍한 인간"이 있고, 다른 한편에는 그런 개념의 굴레로부터 "자유로운" 인간, 달리 말해 "직관적 인간"이 있다(니체, 2005, 제3권: 459-460). '직관적 인간'은 "개념들의 거대한 들보와 판자들"을 제멋대로 이용하여 "가장 모험적인 예술작품"을 창조한다(니체, 2005, 제3권: 459). 이때 그의 방법은 개념의 "건축물을 부서서 뒤섞어 놓은 다음, 가장 낯선 것들을 짝지우고 가장 가까운 것들은 떼어 놓는 방식으로 다시 역설적으로 결합"시키는 것이다(니체, 2005, 제3권: 459). 그것은 항상적·고정적인 형태와 의미 따위를 인정하지 않고 동일성과 차이의 무한한 유희 속에서 부단히 새로운 것을 창조하는 행위이다. 그것은 근원적인 생의 충동에 충실할 수 있는 인간, 참으로 인간적인 인간의 예술적 행위이다.

후기 저작인 「니체 대 바그너*Nietzsche contra Wagner*」(1889)에 따르면, 소크라테스-플라톤적 사유에 침범당하기 이전 그리스인들의 예술은 바로 이런 행위의 소산이었다. 그런 예술이 가능했던 것은, 세계란 카오스이며 삶의 영위란 그런 세계에 아름다운 가상을 입히는 무한한 유희임을 그리스인들이 알았기 때문이다. "오오, 그리스인들! 이들은 *삶*을 이해하고 있었다. 그럴 수 있으려면 표면과 주름과 표피에 용감하게 머무는 일, 가상에 대한 숭배, 형식과 음조와 말과 *가상의 올림푸스* 전체를 믿는 일이 필요하다! 이런 그리스인들은 표피에 머무른다 - 그들이 *깊이가 있기 때문이다*"(니체, 2005, 제15권: 547 – 강조는 원문에 근거함). 그리고 니체는 형이상학의 온갖 양태를 경험하고 그 폐해를 발견한 이제는 다시금 그리스적 건강성을 회복해야 한다고 역설한다.

"바로 그곳으로 돌아가지 않으려는가? 현대 사상의 가장 높고도 가장 위험한 정상에 오르고 거기서 우리를 둘러보았으며 거기서 *아래를 내려다보았던* 우리, 대담한 정신이여. 바로 이 점에서 우리는 - 그리스인이 아닌가? 형식과 음조와 말의 숭배자들이 아닌가? 바로 그래서 - *예술가*가 아닌가?"(니체, 2005, 제15권: 547-548 – 강조는 원문에 근거함)

여기서 니체가 말하는 예술가는 단순히 회화나 조각이나 시를 짓는 인간이 아니다. 참된 예술가란 근원적 생의 충동 혹은 – 후기 사상의 용어로 – '힘에의 의지Wille zur Macht'에 충실하게 창조적 삶을 살 수 있는 인간을 가리킨다(물론 창조적 삶은 좁은 의미에서 예술가의 삶이란 양태로 표현될 수도 있다). 『차라투스트라는 이렇게 말했다 *Also sprach Zarathustra*』(1883-1885)에서 이런 인간형은 '극복인(위버멘쉬)Übermensch'이란 이름으로 등장하곤 하며, 창조의 놀이를 하는 "어린아이"(니체, 2005, 제13권: 40)에 비유되기도 한다.

흔히 니체의 사상은 – 그의 유명한 진술 때문이기도 하지만(니체, 2005, 제4권: 257) - '전도된 플라톤주의'라 규정되곤 한다. 하지만 이런 규정에는 오해의 여지가 있다. 니체의 관점은 – 적어도 후기사상에서는 – 전승된 본질-가상의 도식을 수용하고 그 위계만을 뒤바꾸는 게 아니기 때문이다. 이미 보았듯, 니체는 가상을 홀대해온 본질 자체가 가상임을 망각한 가상에 불과하다고 말한다. 고통과 모순뿐인 카오스 속에서 인간은 생의 유지를 위해 부단히 가상 창조의 유희를 벌인다. 혹은 그런 것이 본래적 인간의 건강한 삶이다. 이렇게 본다면, 원래는 모든 것이 가상일뿐이다. 그런데 모든 것이 가상이라면, 따라서 가상의 대립개념인 본질, 존재, 진리 등이 부재하는 것의 이름일 뿐이라면, 가상이란 개념도 존립할 이유가 없다. 가상이란 개념 또한 본질 등의 그릇된 개념으로 인해 탄생한 그릇된 이름에 불과하다. 그렇기에 『우상의 황혼*Götzen-Dämmerung*』(1889)에서 니체는 말한다. "우리는 참된 세계를 없애 버렸다: 어떤 세계가 남는가? 아마도 가상 세계? ...... 천만에! 참된 세계와 함께 우리는 가상 세계도 없애버린 것이다!"(니체, 2005, 제15권: 104).

9. 아도르노

20세기의 사상가 테오도르 W. 아도르노Theodor W. Adorno(1903-1969) 역시 그의 미학 주저인 『미학 이론*Ästhetische Theorie*』(1970)에서 예술의 본질을 '가상'으로 규정한다. 하지만 미감적 가상에 관한 아도르노의 생각은 지금까지 논의된 사상가들의 경우와 또 다르다. 아도르노는 미감적 경험의 무관심성이란 칸트의 견해를 수용하고 이 경험의 자율적 성격을 인정하지만, 미감적 가상이 인식 및 도덕과 전적으로 무관하다는 견해는 받아들이지 않는다. 이런 점에서 그가 생각하는 미감적 가상의 자율성은 그다지 공고한 종류의 것이 아니다. 실러와 마찬가지로 아도르노는 예술의 가상에 유토피아적 성격을 부여하지만, 이 가상은 조화와 균형을 특색으로 하기는커녕 그와 정반대이다. 헤겔처럼 아도르노는 예술에 대해 진리의 담지 능력을 인정하지만, 그에게서 예술의 진리는 논리적 진리에 포섭되거나 그것으로 이행해야 할 운명에 있지 않다(혹은 그래서는 안 된다). 니체와 유사하게 아도르노는 이성 및 개념적 사유의 폭력성을 재앙과 파국의 근원이라 생각하지만, 이성 자체의 폐기를 목표로 삼지는 않는다. 그는 이성과 자연의 화해를 지향하며, 그 가능성을 예술의 가상에서 모색한다.

아도르노에 따르면, 오늘날 예술은 가상의 성격을 상실한 동시에 그것을 유지하는 무엇이며, 또한 그 가상 성격을 통해 진리를 표현하는 무엇이다. 그렇다면 예술이 더 이상 가상이 아니지만 동시에 가상이기도 하다는 이 역설적 주장은 어떻게 이해되어야 하는가? 또 이런 역설을 내포하는 예술의 가상이 진리를 표현한다는 그의 주장은 어떤 의미를 갖는가? 이를 이해하기 위해서는 먼저 인간의 사회 발전과 사유 방식에 관한 아도르노의 비판적 시각부터 살펴볼 필요가 있다.

막스 호르크하이머Max Horkheimer(1895-1973)와 공동으로 집필한 『계몽의 변증법*Dialektik der Aufklärung*』(1947)에서 아도르노는 인간의 역사를 '계몽의 역사'라 이해하며, 이는 해방을 의도했으나 실상은 파국으로 치달은 역사라고 규정한다. 두 저자의 정의에 따르면, '계몽'이란 인간이 자연 배후에서 어떤 마술적 힘의 작용을 전제하는 사고방식에서 벗어나는 과정, 그리하여 자연을 점차 인위적 조작대상으로 삼고 그 지배를 강화해 나가는 과정을 일컫는다. 원시인의 도구문화에서 현재 수준의 고도 문명사회에 이르기까지 발전을 생각해 본다면, 계몽의 과정은 자연에 대한 지배를 통해 자연의 속박에서 해방되어온 역사인 듯하다. 그렇지만 아도르노와 호르크하이머에 따르면, 이 역사는 인간에게 진정한 자유와 해방을 가져다준 역사가 결코 아니다. 그들이 20세기에 목도한 현실은 물질적 생산력의 증대와 효율적 관리의 향상이란 주술에 걸린 야만적 전체주의 사회이기 때문이다. 그리고 이런 불행한 현실은 어느 날 갑자기 형성된 것이 아니다. 파국의 기원은 자연으로부터의 해방이 시작된 시점, 즉 인류의 계몽이 시작된 시점까지 소급된다(아도르노/호르크하이머, 1995: 23-76).

계몽의 과정에서 인간에게 가장 강력한 무기가 된 것은 이성의 능력이었다. 사유능력으로서 이성에는 다양한 측면이 있을 수 있겠지만, 인간이 집중적으로 발전시키고 발휘한 것은 자연에 대한 객관적 인식능력 및 이에 근거한 자연의 조작능력이었다. 이런 측면의 이성은 '인지적-도구적 이성'이라 불릴 수 있다(문성훈, 2007: 439). 계몽을 추동한 것은 이런 인지적-도구적 이성이었던 셈이다. 그러한 이성으로 무장한 인간은 자연 지배라는 목적을 위해 자신의 행동과 사회조직을 철저히 '합리화'시켜 나갔다. 하지만 역설적이게도 이 과정은 인간을 해방시키기는커녕 지배의 대상으로 전락시켰고 그 자유를 속박하는 결과를 가져왔다. 『계몽의 변증법』에서 인지적-도구적 이성에 의한 합리화 과정은 다음과 같은 세 가지의 '사물화'로 설명된다(문성훈, 2007: 439-441).

우선, 인지적-도구적 이성이 자연을 인식 대상으로 삼은 것은 자연을 생명 없는 사물로 간주하는 과정이었다. 오늘날 자연과학적 인식에서 확인되듯, 합리화란 자연을 계산 가능한 양적 존재로 추상화하고 자연 현상의 무수한 개별성과 이질성을 도외시하는 과정이었다. 이런 추상화는 보편적 개념의 형성과 짝을 이루는 것으로, 개념은 자연 현상의 개별성과 특수한 질을 사상하는 일종의 폭력적 사고의 산물이다(예를 들어 '나무'라는 개념은 질적으로 동일하지 않은 세상의 무수한 나무들을 양화·단일화하여 얻은 추상물이다). 이런 개념적 사고로 인해 자연 현상은 개별적·질적 특수성은 물론 생명력을 도외시당한 채 조작과 통제에 용이한 사물이 된다.

다음으로, 자연의 사물화는 동시에 인간의 사고가 사물화되는 과정이기도 했다. 개념적 사고는 변화무쌍한 자연 현상에서 일정한 법칙성을 인식케 하여 자연 지배를 가능하게 했지만, 이런 사유를 거듭한 결과 인간의 사고 또한 생동성을 잃고 자동기계 같은 사물적 형태로 고착되고 말았기 때문이다. 마지막으로, 인간 사고의 이런 사물화는 인간 자신을 사물화한다. 기계장치와 같은 인지적-도구적 이성에 예속된 인간은 이제 인간도 예외로 두지 않는다. 자연뿐 아니라 인간 자신을 조작과 통제의 대상으로 간주하고 생명 없는 사물로 취급하는 것이다. 이 과정에서 인간은 무엇보다 자기 내면의 자연, 즉 이성적 사고와 구별되는 욕망과 충동 등의 자연적 흔적을 지워나간다. 자연 현상을 그 생명력 및 개별적·질적 특성과 무관한 양적 평가의 관점에 예속시켰듯, 합리적 지배에 방해가 되는 인간의 내적 충동이나 욕구를 억압하고 개개인을 단순히 노동력으로 추상화하는 과정이 진행되는 것이다.

이상과 같은 사물화를 추동하는 인지적-도구적 이성의 핵심요소는 이미 보았듯 개념에 의한 사유이다. 개념적 사유란 구체적 현상에서 상이성은 평준화하고 억압한 채 동일한 것만을 추출하는 사유방식이다. 즉 개념이란 '비동일적인 것의 동일화'의 산물인 '동일성'이다. 그렇기에 아도르노는 개념에 의한 사유를 '동일화하는 사유' 내지 '동일성Identität의 사유'라고도 부른다(아도르노/호르크하이머, 1995: 31-32; 아도르노, 1999: 223-227). 그에 따르면, 계몽의 추동력이 되어 자연 및 인간의 사물화와 파국을 낳은 주범은 바로 동일성의 사유인 셈이다. 이런 사유가 주도하는 계몽의 결과, "인간의 현실은 '관리되는 세계'로 경화되고, 이 세계에서는 개개의 모든 특수자와 개별자가 보편 개념의 지배 아래서 그 고유한 권리를 박탈당한다"(Scheer, 1997: 175). 아도르노는 이런 현실을 "완전한 부정성vollendete Negativität"(아도르노, 2005: 325)의 상태라고도 표현한다.

해방과 계몽의 역사가 그 자체로 소외의 과정이고 그 현재 상태가 '완전한 부정성'이라면, 여기서 인간이 벗어날 방도가 과연 있을 것인가? 계몽을 주도하고 자연과 인간을 사물화의 궤도로 이끌고 온 동일성의 사유는 인간의 모든 영역을 빈틈없이 지배하는 듯하다. 이렇게 관리되는 세계에서 인간은 해방은커녕 그런 세계의 부정성을 감지하여 그것을 비판하기조차 쉽지 않을 것이다. 그렇지만 아도르노에 따르면 한 가지 방도가 있다. 그것은 동일성의 사유에 포섭되기 이전 상태, 말하자면 인간의 지배 이전의 자연을 인간에게서 일깨우는 일이다. 요컨대 인간의 내면에서 자연을 회상케 하는 길이 제시될 수 있는 것이다. 하지만 이 또한 결코 단순한 일이 아니다. 자연 자체가 이미 계몽에 의해 사물화되었고, 인간이 아는 자연이란 그런 자연뿐이기 때문이다. 인간은 오로지 동일성의 사유란 안경을 쓰고서 자연을 바라본다.

이 대목에서 아도르노는 - 칸트의 관점에 의거해 - '자연에 대한 미감적 태도'를 하나의 돌파구로 찾는다. 칸트가 말하듯, 자연에 대한 미감적 판단은 무관심적이기에 대상의 소유나 조작 등을 지향하지 않는다. 즉 미감적 자연 관계는 실천적 자연 관계나 이론적-대상적 자연 관계와는 다르다. 물론 자연미의 경험이란 것도 계몽의 과정이 낳은 산물임은 분명하다. 날것 그대로의 자연은 미·추라는 인간적 가치와 무관하기 때문이다. 즉 자연미의 경험은 어디까지나 사회-문화적으로 매개된 것이며, 그런 의미에서 계몽의 파생물인 셈이다. 그렇지만 자연의 아름다운 것을 대할 때의 인간은 눈길에 닿는 현상에만 관심을 기울일 뿐 자연을 활동 대상으로 삼지 않는다. 요컨대 아름다운 것으로 현출하는 자연은 "노동이나 삶의 재생산을 위한 소재"가 아니며 "과학의 기반으로서의" 자연도 아니다(아도르노, 1993: 112). 이런 의미에서 자연미의 경험은 동일성 사유의 조작에서 상당히 벗어나 있다. 자연미는 비동일적인 것 자체는 아닐지라도 비동일적인 것의 흔적이라고는 말할 수 있다. "자연미는 보편적 동일성의 속박 속에서 사물들이 지니는 비동일적 요인의 흔적이다"(아도르노, 1993: 123).

자연미가 그런 흔적을 지닐 수 있는 것은 마치 손가락 사이로 빠져나가는 모래알처럼 동일화의 조작에 포섭되지 않는 "무정형"(아도르노, 1993: 113)의 요소를 지니기 때문이다. 그렇지만 다른 한편으로 이러한 무정형성은 자연미의 단점이기도 하다. 규정 불가능하고 다의적인 자연미는 인간이 경험하기에 너무 유동적이고 해체되기 쉬운 것이기 때문이다(아도르노, 1993: 113). 이 지점에서 아도르노는 예술의 필요성을 부각시킨다. 자연미는 예술을 필요로 한다. "자연이 요구하면서도 이루지 못하는 일, 그것을 예술

작품을 실현한다"(아도르노, 1993: 112). 달리 말해, "자연의 언어가 말없는 것이라면 예술은 그처럼 말없는 것으로 하여금 말하게 만들고자 한다"(아도르노, 1993: 112).

이런 의미에서 아도르노에게 예술은 - 플라톤과 아리스토텔레스에게서와 달리 자연의 모방이 아니라 - '자연미의 모방'이다. 자연미는 동일성 논리에 의해 개념화되지 않은 요소를 지니고 있다. 개념화되지 않은 자연미는 "인간에 의해 만들어지지 않은 것"(아도르노, 1993: 119)을 포함하기에 모든 인간적인 것을 넘어서는 언어가 될 수 있다. 자연미가 언어인 것은 인간이 그것의 해독을 원하기 때문이다. 하지만 이 의미는 - 인간적인 것이 아니기에 - 쉽사리 이해되지 않으며, 그렇기에 자연미는 "아직 존재하지 않는 것, 혹은 가능한 상태에 대한 암호"(아도르노, 1993: 124)라 불릴 수 있다. 예술작품은 이 언어, 이 암호를 말하려 한다. 물론 예술작품의 과제는 이 언어를 개념으로 번역하는 것, 즉 이론적 진리를 매개하는 것에 있지 않다. 예술작품은 자연미를 모방하는 것이기에 그 또한 암호로 말한다. 다만 예술 작품의 언어는 일정한 규정성을 갖기에 미규정과 무정형을 특색으로 하는 자연미의 언어와 다르다.

예술 작품의 언어란 무엇보다 그 형식이다. 예술 작품의 형식, 즉 "미감적 형식은 예술 작품 내에서 현상으로서 나타나는 요인들을 일관성 있게 말하게끔 객관적으로 조직하는 것"(아도르노, 1993: 229)을 말한다. 예술 작품은 무언가를 표현하기 위해 객체화된 구조를 창출한다. 객관적인 조직화를 통해서 어떤 내용을 표현하는 것이다(이런 의미에서 아도르노는 예술 작품의 내용과 형식은 상호 분리될 수 있는 것이 아니며 상호 의존적 매개 관계에 있다고 말한다). 이때 이러한 조직 내지 구조화의 재료, 예컨대 소리나 말, 색채, 나무, 쇠붙이처럼 예술 작품의 조직에 동원되는 것은 모두 현실에서 온다. 그렇지만 예술이 이러한 재료를 통일시키는 조직이나 구조, 즉 형식은 동일화의 논리에서 벗어난다(예를 들어, 일상의 언어를 사용하면서도 또 다른 언어세계를 창조하는 문학을 생각해 보라). 이런 의미에서 아도르노는 다음과 같이 말한다.

"예술은 막스 베버가 세계의 탈마법화라고 칭한 합리화 과정 속의 한 계기를 형성한다. 예술의 여러 수법이나 생산 방식은 모두 그러한 데에서 유래한다. (...) 예술은 단지 기술을 지배 관계 속에서와는 반대 방향으로 동원할 뿐이다."(아도르노, 1993: 95)

"아무리 승화가 잘 이루어진 경우에도 예술에는 이 세계의 근원을 두지 않는 요인은 아무것도 없다. 또한 변화하지 않은 채 그대로 있는 것도 없다. 모든 미학적 범주들은 세계와 연관을 가진다는 점과 아울러 그로부터 벗어나 있다는 사실로서 규정될 수 있다"(아도르노, 1993: 223).

예술은 “외부로부터 빌려온 요소들”을 “작품 속에서 완전히 변화된 연관” 속에 넣어 현실과는 다른 세계를 펼쳐 보인다(아도르노, 1993: 18). 그 세계는 말하자면 자연미의 암호를 표현하려는 예술적 노력의 산물이다. 그리고 한때는 그 암호가 - 실러가 현실에 대비시킨 총체적 인간성의 이상 같은 - 아름다운 가상에서 표현되기도 했다. 그것은 현실과는 다른 종류의 완결성과 통일성을 지닌 ‘반-현실’이었다. 그렇지만 현대 예술, 특히 모더니즘 이후의 예술은 아름다운 가상이기를 포기한다. 그 까닭은, 현대에 이르러 동일성의 지배가 더욱 강고하게 되자, 조화롭고 아름다운 가상이 그 비판적 잠재력을 상실하고 단순히 보상적 심리나 도피의 기재로 작동하게 된 점에 있다. 그렇기에 이제 예술은 ‘더 이상 아름답지 않은 예술’이 되고자 한다.

> “위로의 말로서 팔리지 않으려는 예술 작품들은 현실의 가장 극단적이고 어두운 상태 속에서 존속하기 위해 그처럼 극단적이고 어두운 것과 동일해져야 한다. 오늘날의 극단적인 예술은 어두운 예술이며 그 기본적인 색조는 검다”(아도르노, 1993: 72).

현대 예술은 어두움의 예술이 되었다. 회화는 재현을 거부하고, 음악은 조성을 포기하며, 시는 의미를 버리고, 연극은 부조리를 선택한다(진중권, 2004: 94). 예술 작품은 아름다운 가상의 통일성과 완결성을 포기하고 더욱 더 낮선 무엇으로 정립되는 것이다.

> "사회가 총체화되면 될수록, 모든 것이 한 목소리를 내는 체계로 사회가 완벽하게 구축되면 될수록, 이 과정의 경험을 저장하는 예술 작품들은 더욱더 사회와는 다른 것이 된다"(아도르노, 1993: 59).

이러한 변화는 사회에 대한 예술의 비판을 함축한다. 더 이상 아름답지 않은 현대 예술은 인간들 사이의 연대가 해체된 현실, 인간과 자연 사이의 화해가 파괴된 현실, 한 마디로 사물화된 현실을 폭로하려는 의도를 품고 있는 까닭이다. 하지만 이는 사회의 부조리와 불의를 작품 내용에서 드러내려 한 19세기 리얼리즘 사조의 사회 '반영' 의도와는 성격이 다른 것이다. 현대 예술은 그 파편적이고 추상적인 형식, 달리 말해 완결되고 통일된 의미의 해체에서 현실의 부정성을 암시할 뿐이다.

앞서 보았듯, 이 '완전한 부정성'의 현실은 인간에게 유일하게 가능한 현실이 아니다. 아도르노는 계몽의 역사철학적 고찰에서 그런 현실이 '만들어진' 것임을 입증했다. 그럼에도 불구하고 이 현실이 스스로를 유일한 것으로, 흡사 자연적인 것으로 내세운다면, 이는 허위란 의미에서 '가상'이라 불릴 만하다. 그렇기에 현대 예술의 비판은, 가상이면서도 아닌 척 하는 가상을 폭로하려는 것이라 이해될 수도 있다. "현대 예술은 (...) 가상을 가상이 아니라고 보는 가상의 가상에 반대"(아도르노, 1993: 166)하는 것이다.

비판적 현대 예술은 현실이란 가상을 가상의 현실로 폭로하려 한다는 점에서 진리를 지향하는 것이라 생각될 수도 있다. 그렇다면 단순히 현실의 폭로라는 측면 외에 현대 예술이 드러낼 수 있는 진리란 없는 것인가? 현대의 추상적 예술은 현실과는 다른 세계의 가능성을 다소 적극적으로 제시한다는 점에서도 진리 성격을 갖는다. 그리고 이 진리 또한 현대 예술의 형식과 무관하지 않다.

> "예술은 (...) 자연 지배를 가장 본질적인 면에까지 수정한다. 현실 속에서는 그러한 형식들이나 재료에 대한 이 형식의 관계가 불가피한 듯한 가상을 지니게 된다. 그에 반해 그와 같은 것들이 자유로이 처리될 수 있을 때에는 그것들 자체가 자의적인 것이라는 점이 명백해진다. 음악을 통해 시간이 압축되고 그림을 통해 공간이 겹치게 됨으로써 이 세상이 달라질 수도 있다는 가능성이 구체화된다."(아도르노, 1993: 221-222)

앞서 보았듯, 예술 작품의 형식은 '객관적 조직화'이다. 이 조직화 내지 구성은 현실의 사물들을 현실의 논리와는 다른 방식으로 배치한다. 특히 현대 예술은 동일성 논리를 파기하기라도 하듯 비조직성, 비구조성, 비의미성의 조직을 추구한다. "착란의 흔적은 진정한 현대 예술을 나타내는 징표이다"(아도르노, 1993: 46). 그런데 이런 방식의 역설적 조직화는 동일성 사유에 근거한 사물들의 현실적 관계가 결코 확정된 것이 아님을, 그렇기에 다른 가능성이 있음을 암시하는 것이기도 하다.

> "자연을 지배하는 합리성을 (...) 통한 고정적 규정들에 수정을 가함으로써 예술은 그와 같은 규정들이 운동을 하게 만든다. 예술은 억압받는 요인들을 정당하게 대하고자 한다"(아도르노, 1993: 223).

이런 점에서 예술 작품은 아직 존재하지 않은 것의 암호, 어쩌면 화해된 자연(인간과 자연, 인간과 인간의 화해)의 암호라 생각될 수 있으며, 바로 이런 의미에서 특히나 현대 예술은 자연미를 모방한다고 말할 수 있다(벨머, 1993: 45). 아도르노 사상에서는 예술 작품에 유토피아적 성격이 부여된다는 주장도 이런 맥락에서 나오는 것이다.

그렇다면 아름다운 가상이기를 포기한 현대의 예술은 더 이상 가상의 성격을 갖지 않는 것인가? 아도르노에 의하면, 그럼에도 불구하고 예술은 여전히 가상일 수밖에 없다. 우선, 예술 작품은 현실의 동일성 논리에 포섭되지 않고 현실과 구분되는 '자율적' 영역을 구성하는 한 가상이다. "작품의 형식이 실제적인 합목적성과 일치하지 않는 한 (...) 예술 작품은 현실에 비추어볼 때 여전히 가상이다. 예술작품은 그것이 작품으로서 규정되는 한 이미 현실과 구분된다"(아도르노, 1993: 175). 앞서 설명한 것에서 충분히 이해할 수 있겠지만, 예술 작품은 현실이 아니라는 의미로 가상인 한에서만 진리를 표현한다. "예술 작품에서 나타나는 (...) 가상이라고 하는 중요한 계기는 진리의 매체이다"(아도르노, 1993: 353). 총체적 지배를 지향하는 사회에 대해서 이런 예술 작품은 불편한 존재일 수밖에 없다. 그렇기에 사회는 예술마저 동일화의 논리에 포섭하여 무력화시키려 한다. 따라서 예술 작품이 진리를 매개할 수 있으려면 비동일성을 표현하려는 고투를 중단하지 않아야 한다. 예술 작품은 가상으로 머물러야 한다.

다음으로, 예술 작품은 아직 존재하지 않는 것, 현실에 부재하는 것을 담으려 한다는 점에서도 가상이다. 현실에 있지 않은 것을 어렴풋이 '빛나 보이게' 하려 한다는 점에서 가상인 것이다. 총체적으로 관리되는 사회, 완성된 부정성의 현실에서 비동일적인 것은 존재할 수 없다. 그럼에도 불구하고 예술 작품은 - 흔적의 형태로나마 - 비동일적인 것, 동일성의 논리에 포섭되지 않는 것을 표현하려 애쓴다.

> "예술은 자연의 상에 집착하지만 이 자연은 아직 존재하지 않는다. 예술에서 참인 것은 어떤 비존재자이다. 예술에서는 동일성을 설정하는 이성이 자연이라고 칭하는 타자가 문제시된다. 이

타자는 단일체나 개념이 아니라 하나의 다수이다. 그래서 예술에서의 진리 내용은 예술 작품의 추상적 상위 개념으로서가 아니라 다수로서 나타난다."(아도르노, 1993: 211).

아도르노에 따르면, 이처럼 "예술 작품은 그 자체로서는 불가능한 어떤 것을 이차적이고 수정된 현존재로 되도록 돕는다는 점에서 가상이다"(아도르노, 1993: 177).

또한 예술 작품은 조직되고 구성된 것이면서도 자연미를 모방하려 한다는 점에서 가상이다. 재료들을 조직하는 구성은 그 자체가 이미 합리적인 행위이다. 하지만 예술 작품은 합리적 행위가 갖게 마련인 폭력성을 배제하려 애쓴다. 현실의 요소들에 폭력을 가하지 않고 각각의 존재를 존중하는 일종의 "몽타주"적(아도르노, 1993: 247) 구성을 시도하는 것이다. 예술 작품의 이런 구성 방식을 아도르노는 "성좌(짜임 관계)Konstellation"(아도르노, 1993: 144)라고도 표현한다. 그것은 구성을 이루는 요인들이 - 별자리의 별들처럼 - 종속 관계나 개념적 종합에 포섭되지 않고 평등하게 배치되는 상황을 일컫는다. 이런 인위적 구성 방식에 의해 예술작품이 실현코자 하는 것은 자연미이다. 요컨대 예술 작품은 "인간적 수법을 통해 인간적이라 할 수 없는 요인이 말하게"(아도르노, 1993: 130) 하려 한다는 점, 인공이면서 자연인 척 한다는 점에서 가상이다.

이런 모든 의미에서 오늘날 예술 작품은 - 더 이상 '아름다운 가상'은 아닐지라도 - 여전히 미감적 가상으로 머문다. 물론 이런 미감적 가상은 현실과 다르지만 현실과 전적으로 무관한 것은 아니다. 오히려 예술 작품은 - 이미 실러에게서 그랬듯 – 자율적 가상이기에 현실 사회의 안티테제가 될 수 있다. 그렇기에 "예술은 자율적이면서도 사회적 현상이기도 하다는 이중적 성격"(아도르노, 1993: 18)을 갖는다.

마지막으로 언급할 점은 이렇다. 예술작품의 가상에 관한 논의에서 아도르노가 의도한 것은 이성의 폐기나 합리화의 전적인 거부가 아니다. 그가 비판하는 것은 도구적 이성 일변도로 전개되어 온 인간 이성과 이에 의해 추동된 동일성의 사유방식 및 사물화 과정이다. 그는 보편 개념을 위해 특수하고 개별적인 것들이 홀시되지 않고, 합리적 효율성을 위해 자연과 인간 감성이 희생되지 않는 상태, 말하자면 계몽의 현실에서는 대립하고 분열되었던 요소들이 '화해'를 이루는 참된 '합리적' 상태를 소망한다. 『미학 이론』에서 그 가능성이 예술 작품의 가상성에서 모색되었다면, 『부정 변증법*Negative Dialektik*』(1966)에서 아도르노는 도구적 이성과는 다른 종류의 이성, 동일성의 논리와는 구별되는 논리, 그리고 보편개념과는 다른 개념의 가능성을 그려 보이려 했다.

IV. 새로운 매체환경과 가상

1. 가상현실과 사이버스페이스

'가상현실virtual reality(VR)'이란 개념에서 '가상적virtual' 이란 말은 힘이나 능력이란 의미를 지닌 중세 라틴어 'virtus'에서 유래한다. 중세 스콜라철학에서 이 말은 실행 상태가 아니라 잠재된 힘 내지 능력의 상태로 존재하는 것을 가리켰다(그렇기에 'virtual'은 '잠재적'이라 번역될 수도 있다). 예를 들어 나무는 씨앗 안에 '가상적으로(잠재적으로)' 존재한다. 이런 의미에서 '가상적'은 현실적·실재적 real의 대립개념이 아니라 '현행적actual'에 대립하는 개념이다. 즉 철학의 맥락에서 보면 가상성과 현행성은 실재하는 것의 두 가지 다른 존재방식일 뿐이다(레비, 2002: 19-20). 나무와 씨앗의 예시가 불충분하다면, 소쉬르가 말한 랑그와 파롤을 생각해봐도 좋다. 현행화의 무한한 원천인 랑그는 말하자면 가상적인 것이다. 우리의 일상적 언어 활동은 언제나 구체적 현행형태인 파롤로 이뤄진다. 하지만 랑그가 없다면 파롤은 존립할 수 없고, 그 역도 마찬가지이다. 소쉬르에 따르면 언어는 (가상적) 랑그와 (현행적) 파롤의 두 형태로 이뤄진다(레비, 2000: 75).

물론 'virtual'이란 말은 철학에서만 쓰이는 용어가 아니었다. 중세 이후 이 말은 서양의 일상생활에서도 사용되었으며, 그런 경우에는 '비현실적'이라는 의미, '환영'이나 '착각'을 함축하는 의미로 주로 사용되었다. 물질로서 구현되지 않은 것, 지각에 의해 감지될 수 없는 것은 일상의 우리에게 없는 것이나 마찬가지이기 때문이다(레비, 2000: 74).

오늘날 'virtual'이라는 말은 새로운 디지털 매체환경과 관련해서 가장 빈번히 사용된다. 이런 경우 'virtual'이란 말은 시뮬레이션 등의 개념과 연결되어 통상 환영이나 착각 등의 의미를 지닌 것으로 생각되곤 한다. 하지만 이 용어가 컴퓨터 테크놀로지의 발전과정에서 도입될 때는 앞서 언급한 철학적 의미를 더 강하게 지니고 있었다. 새로운 디지털 매체환경은 대략 두 가지 차원에서 현행성과 대립되는 가상성을 지닌다(레비, 2000: 76-77). 먼저, 컴퓨터 디스크에 기록된 정보들은 가상적이라 불릴 만하다. 정보는 매체 어딘가에 분명 물리적으로 존재하지만 그 위치나 모양을 우리가 지각할 수는 없기 때문이다. 매체 어딘가에 의해 가상적(잠재적)으로 존재했던 정보들이 매체 사용자의 작업수행에 따라 현행화된다. 다음으로, 쌍방향 대화형 디지털 통신망의 발전은 지금까지와는 다른 차원의 커뮤니케이션 형태를 산출했다. 사람들은 정보를 나누고 거래를 행하는 등 다양한 커뮤니케이션에 관여하지만, 우리는 이런 활동이 수행되는 시공간적 좌표를 설정할 수 없다. 커뮤니케이션이 지리적 분산과 시간적 차이에도 불구하고 거의 실시간적으로 실현되기 때문이다. 달리 말해, 우리는 커뮤니케이션 활동이 가상적으로 수행되고 있음을 알지만, 그 현행적 모습은 알지 못한다(혹은 알 필요를 느끼지 않는다).

'가상현실'이란 말은 미국의 음악가 재론 레이니어Jaron Lanier(1960년생)가 1986년 처음 창안한 것이라 한다. 좁은 의미의 가상현실이란 특수헬멧과 데이터 장갑 등에 의해 데이터베이스에 빠져드는 신체적 느낌을 갖게 하는 시뮬레이션 유형을 가리키는데, 바로 이런 실험을 최초로 시도한 이가 레이니어이다. 레이니어의 실험은 우리에게 실재감을 주는 상호작용적 인공 환경의 창출을 목표한 것인데, 이런 실험은 크뤼거Myron W. Krueger란 사람의 '인공현실artificial reality'이나 MIT연구소의 '가상환경virtual environment', 미국 군사연구기관의 '종합적 환경synthetic environment' 실험으로 이어졌다(Eichhorn, 1998: 208-210). 하지만 오늘날 가상현실이란 말은 이런 좁은 의미로만 사용되지 않는다. 흔히 가상현실은 사이버스페이스Cyberspace에서 체험되는 모든 현실을 가리키는 말로도 쓰인다. 첨단 테크놀로지를 활용한 몰입형 체험현실 뿐 아니라 디지털 매체에 근거한 일체 경험환경이 가상현실이라 정의되는 것이다(Innerhofer/Harrasser, 2006: 409). 이런 규정에 따르면 가상현실이란 개념은 사이버스페이스란 용어와 엄격히 구분되기가 어렵다. 하지만 사이버스페이스란 말은 가상현실과는 구분되는 나름의 유래와 사용의 역사를 지니고 있으니 그에 관해 알아보기로 하자.

잘 알려져 있듯, '사이버스페이스'란 말은 미국의 작가 윌리엄 깁슨Wiliam Gibson(1948년생)의 소설 『뉴로맨서 *Newromancer*』(1984)에서 유래한다. 이 SF-소설에서 깁슨은 작품의 주요한 무대가 되는 사이버스페이스를 다음과 같이 묘사한다.

> 사이버스페이스. 전 세계에서 수억의 정규적 오퍼레이터와 수학을 배우는 어린이들이 매일 경험하는 공감각적 환상. 인류의 조직 안에 존재하는 모든 컴퓨터의 데이터뱅크에서 유추된 자료구조의 시각적 재현. 그 상상을 초월한 복잡함. 정신 속의 공간 아닌 공간, 자료의 성운과 성단을 가로지르는 빛의 선(깁슨, 2005: 85).

이렇게 묘사된 사이버스페이스는 컴퓨터가 만들어낸 새로

운 경험의 세계이다. 이 세계는 그 어떤 '환상hallucination'에 근거한다. 하지만 그 환상이 개인의 주관적 경험에 머물지 않고 공적 합의에 근거하기에 사이버스페이스는 분명 인간 공동체의 실존영역이라 불릴 만하다. 그 세계는 물리적 세계와 구별되지만 그렇다고 부재하는 것은 아니다. 그 후 현실에서도 디지털 매체 환경이 급속도로 발전하자, 미국의 목축업자 존 페리 발로우John Perry Barlow(1947년생)가 이 새로운 생활환경을 지칭하기 위해 최초로 깁슨의 신조어를 차용했다(1996년). 이후로 사이버스페이스란 말은 컴퓨터 테크놀로지와 텔레커뮤니케이션이 결합된 새로운 매체환경 일반을 지칭하는 데 널리 사용된다(Bollmann, 1998: 164). 사이버스페이스는 "컴퓨터와 정보 기억 장치들의 전지구적 상호 연결에 의해 펼쳐지는 개방된 커뮤니케이션 공간"(레비, 2000: 134)이다. 따라서 가상현실이란 말을 좁은 의미로 이해하면, 그것은 사이버스페이스의 한 부분을 이루는 요소가 된다(Bollmann, 1998: 164-165). 하지만 가상현실이란 말을 넓은 의미로 받아들이면, 그것은 - 오늘날 흔한 일이지만 - 사이버스페이스의 동의어로 간주될 수도 있다(Esders, 2006: 72).

사이버스페이스 내지 넓은 의미의 가상현실에서는 다양한 예술적 실험 또한 이뤄질 수 있다. 새로운 디지털 매체의 발전은 그 특성을 십분 활용한 예술작품의 창출을 부단히 자극할 것이기 때문이다(Claus, 1998: 349-352; Forest,

1998: 353-358). 현재 새로운 디지털 매체환경에서 예술이 가질 수 있는 특성으로는 무엇보다 '상호작용성ineractivity'이 손꼽힌다. 기존 예술의 감상에서 수용자는 다분히 수동적인 위치에 있었던 반면, 새로운 디지털 매체는 그 특성상 예술 창조와 수용이 상호작용에서 존립할 가능성을 제시한다(심혜련, 2006: 131-150). 사이버스페이스 시대의 예술에서는 상호작용성 외에도 매체상의 특성에 기인한 새로운 현상이 나타날 가능성이 다분히 있다. 그리고 이에 부응해서 새로운 미학적 개념들도 분명 등장할 것이다.

그렇지만 전통 형이상학과 인식론의 개념인 가상Schein 및 미학의 개념 가상은 새로운 매체환경의 생성 및 그에 근거한 새로운 예술현상의 규정과 관련해서 수행할 수 있는 역할이 별로 없다. 앞서 보았듯, 전통 형이상학 및 인식론에서 가상은 존재 및 진리에 대립하는 개념이다. 즉 가상은 그때그때 참된 존재나 진리로 설정되는 것 이외의 모든 것을 지칭할 수 있는 개념이다. 물론 이런 의미의 가상은 새로운 매체 환경과 관련해서도 얼마든지 사용될 수 있는 용어이다. 오직 물리적 현실만을 참된 존재라 규정한다면, 사이버스페이스 내지 VR을 - 독일어 'Schein'의 번역어인 - 가상이라 지칭하는 것은 전혀 문제될 것이 없다. 실제로 오늘날 독일의 일상생활이나 학계에서는 새로운 매체환경을 흔히 'Scheinwelt(가상세계)'라 지칭하곤 한다. 하지만 이런 의미의 가상은 새로운 매체 환경의 특성과 거기서 발생하는 새로운 방식의 경험을 정밀하고 명확하게 규정하는 개념이 결코 아니다.

미학의 개념으로서 가상의 경우도 사정은 다르지 않다. 앞서 보았듯, 미학의 개념 가상은 형이상학 내지 철학에서 미학이란 새로운 분과가 탄생하면서 생겨났다. 이때 가상은 미와 예술의 특수한 성격, 즉 진리 및 존재와 대립하면서도 동시에 또 다른 진리와 존재를 담고 있는 '자율적' 성격을 지칭하는 개념으로 발전했다. 미와 예술의 이러한 자율성은 때로 현실세계의 참담함과 대조되어 유토피아의 사유와도 결부될 수 있었다. 아무튼 독일 미학에서 형성된 가상이란 개념은 좁은 의미의 진리 및 존재와 구분되는 미·예술의 자율적 영역 내지 그런 성격을 함의한다. 그런데 이런 의미의 미적 가상이란 개념이 사이버스페이스에서 등장하는 새로운 유형의 예술을 규정하는 과정에서 얼마나 큰 역할을 할 수 있을까? 기존 예술의 특성을 자율적 가상이라 규정한다면, 사이버스페이스에서 등장하는 예술은 심지어 액자나 악기, 종이조차 필요로 하지 않기에 배가 된 자율적 가상이라 규정되어야 하는가? 어떤 측면에 주시하고 어떤 논증을 펴는가에 따라 그런 규정도 가능할 것이다. 하지만 그런 규정이 가능하든 그렇지 않든, 중요한 점은 전통적 미학의 개념 가상은 이런 새로운 예술의 특성을 변별적으로 포착하여 규정하기에는 역부족이라는 사실이다.

이런 지적은 미학의 개념 가상이 오늘날 어떤 한계에 이르렀다는 점과도 관계가 깊다. 이 점은 이 책의 맺음말에서 좀 더 설명하기로 하고, 우선은 새로운 매체환경에 관해 특유의 사상을 전개한 프랑스 철학자 한 사람을 잠시 다루기로 하자.

2. 보드리야르

장 보드리야르an Baudrillard(1929-2007)는 현대사회에 대한 독특한 분석을 수행하면서 '시뮬라시옹'이란 개념을 유포시킨 이론가로 유명하다. 시뮬라시옹은 물론 'simulation'의 프랑스어 발음이다. 하지만 보드리야르는 이 단어를 영어가 아닌 프랑스어로 발음한 것만이 아니다. 그는 이 용어에 통상적 의미를 넘어선 깊은 철학적 의미를 부여했다.

통상적 의미에서 시뮬레이션은 모의실험, 즉 실제와 유사한 모델이나 상태를 만들어 모의적으로 실험을 수행하는 것을 뜻한다. 예를 들어 기업의 경영전략 수립이나 정부의 경제예측에서는 수학적, 통계학적 기법을 사용하여 다양한 시뮬레이션을 시도해 볼 수 있다. 오늘날 이러한 시뮬레이션은 주로 컴퓨터에 의해 수행된다. 쉬운 예로는 좁은 의미의 VR과 관계있는 컴퓨터 시뮬레이션을 들 수 있다. 자동차 운전자의 훈련용 운전석 모형이나 항공기 조종사 혹은 우주비행사 훈련용 시뮬레이터가 그런 것이다.

시뮬레이션이란 말의 어원은 '시뮬라크룸simulacrum'이고, 이는 고대 그리스어 '판타스마phantasma'의 라틴어 번역어이다. 판타스마나 시뮬라크룸은 상(그림)이나 표상 내지 상상을 뜻하기도 했지만, 환상이나 착각, 허깨비와 같은 부정적 의미도 지녔다. 고대 로마의 수사학에서 시뮬라크룸은 '사실은 그렇지 않으면서 그런 척 가장하는 연기'라는 의미를 갖게 되었다. 예컨대 전혀 병들지 않은 배우가 아픈 사람의 연기를 하면, 그것이 바로 시뮬라크룸이다. 오늘날 모의실험이란 뜻을 가진 시뮬레이션은 이런 의미의 시뮬라크룸에서 파생·발전한 용어이다(Weinberg, 2006: 348). 시뮬라크룸 자체는 영어나 불어에서 '시뮬라크르simulacre'란 형태로 존속한다.

보드리야르에게서 '시뮬라크르'는 현실과 더 이상 아무 관계가 없는 사물, 실재의 인위적 대체물(가상적 실재)을 가리킨다. 그리고 '시뮬라시옹'이란 인간 사회의 사물들을 그러한 시뮬라크르들로 전환하는 작업을 뜻한다. "오늘날의 시뮬라시옹은 원본도 사실성도 없는 실재(...)를 가지고 산출하는 작업이다"(보드리야르, 1995: 12) 시뮬라시옹이 무엇인지를 좀 더 분명히 설명하기 위해 그는 영토와 지도 사이의 관계를 규정하는 고전적 도식을 언급한다(보드리야르, 1995: 9-19).

고전적 도식 - 혹은 상식적 관점 - 에서 보면 영토란 실재이며 지도는 종이 위에 그 실재를 표시한 것, 즉 실재의 복제이다. 이 복제는 척도를 충실히 반영하면서 세밀한 재현을 위해 노력한다. 사실 이는 지도뿐 아니라 우리의 모든 학문이 갖는 성격이기도 하다. 모든 학문은 다양한 기호를 통해서 실재를 재현하려 애쓴다. 우리는 학문뿐 아니라 일상에서도 이러한 기호화에 익숙해 있다(Windgätter, 2004: 139).

하지만 보드리야르에 따르면 오늘날은 이런 구조에서 근본적인 변화가 나타났다. 영토와 지도, 실재와 기호 사이의 분명한 경계선이 사라져버린 것이다. "추상의 매력을 낳았던, 어떤 것에서 다른 것 사이에 개재되었던 지고의 '다름'이 사라져버렸다. (...) 더 이상 존재와 그 외양을 나누던, 실재와 그 개념을 나누던 거울이 없다"(보드리야르, 1995: 13/16). 보드리야르에 따르면, 오늘날 우리가 학문작업이나 일상생활에서 주로 관계하는 것은 기호 그 자체일 뿐 원본 내지 실재를 지시하는 기호가 더 이상 아니다. 이런 기호들이 바로 시뮬라크르이다. 인간 사회의 무수한 사물 내지 사태 - 이는 기호이기도 하다 - 을 이런 시뮬라크르로 전화시키는 작업, 시뮬라르크하기, 즉 시뮬라시옹은 보드리야르에 의해 다음과 같이 정의된다.

> 시뮬라크르하기는 갖지 않은 것을 가진 체하기이다. 전자는 있음에 속하고 후자는 없음에 관계된다. 그러나 시뮬라크르하기는 더 복잡하다. 왜냐하면 시뮬라크르하기는 사실은 체하기와

> 는 다르기 때문이다: '병든 체하는 사람은 단순히 침대에 누워 타인들에게 자기가 병에 걸렸다고 믿도록 하면 된다. 그러나 병의 시뮬라크르를 만드는 사람은 정말로 어떤 병의 징후들을 만들어내야 한다'. 그러므로 체하거나 감추기는 실재의 원칙을 손상시키지 않는다. 여기서 다르다는 사실은 여전히 명백하지만 단지 가려져 있을 따름이다. 반면에 시뮬라시옹은 '참'과 '거짓', '실재'와 '상상세계' 사이의 다름 자체를 위협한다. 시뮬라크르 제작자는 '진짜' 징후들을 생산한다. 그렇다면 그는 병자인가 아닌가? 객관적으로 그를 병자로도 건강한 자로도 취급할 수가 없다(보드리야르, 1995: 19).

보드리야르에 따르면, 실재와 기호, 실재와 상상의 분리가 본격적으로 실현되기 시작한 것은 인간 사회에 다양한 전자매체가 등장한 후부터다. 오늘날 우리를 둘러싼 현실은 기호들의 앙상블이며, 이러한 앙상블은 기계들에 의해 창조된다. 이런 주장이 다소 추상적으로 들린다면, 그다지 멀지 않은 옛날, 예컨대 우리 할아버지 시대 사람들의 경험방식과 지금 우리의 경험방식을 비교해 봐도 좋다. 기술적 매체가 발전되지 않았던 시대의 사람들은 어떤 사물을 직접 경험하기 전까지 그에 관한 인식을 얻기가 어려웠다. 예컨대 얼룩말이나 코끼리, 고층건물, 아프리카 사람은 동물원이나 대도시 혹은 바다를 건너야만 볼 수 있는 것이었다. 그러나 그림책이나 사진, 텔레비전 등이 사람들의 경험

방식에 변화를 가져왔다. 사람들이 일종의 시뮬라크르에 의해 그런 것을 경험할 수 있게 된 것이다. 물론 초기의 이런 시뮬라크르는 실재를 지시하는 기능 또한 여전히 지니고 있었다. 사람들은 직접 경험과 그런 시뮬라크르를 섞어 가며 세상을 이해했다.

그렇다면 지금의 우리는 어떤가? 우리가 획득하는 정보, 우리가 경험하는 사태는 거의 대부분 매체에 의존하고 있다. 이런 매체의존성은 다양한 사물의 경험에만 국한되지 않는다. 오늘날에는 앞서 언급한 사이버스페이스 내지 가상현실로 인간의 거의 모든 생활 영역이 이전되는 추세이다. 이런 과정에서는 인간의 노동을 비롯한 다양한 경제활동과 사회활동 자체가 예전과 다른 성격을 갖게 된다. 과거에 인간이 노동에 부여했던 의미, 타인과의 만남, 실재 사물과의 만남 등에 부여했던 의미들이 사라져버린 것이다. 보드리야르는 이런 추세가 더욱 강화되어 인간의 삶 전체가 완전히 매체에 장악되고, 인간 삶의 다양한 의미들이 소멸될 것이라 진단한다. “보드리야르의 사상은 의미가 우리의 세계를 떠나버렸다는 것을 증명”(스크립차크, 1993: 233)하려 한다.

더욱이 “기술적 매체의 총체화”(Windgätter, 2004: 142)는 이미 오래전부터 자본의 운동과 결탁해 왔다는 것이 보드리야르의 견해이다(스크립차크, 1993: 192-216). 자본은 상품의 소비가 지속되고 강화되어야만 증식을 계속할 수 있다.

그렇기에 자본은 오늘날 인간이 노출되어 있는 매체들을 십분 활용한다. 자본은 매체를 활용해 우리에게서 끊임없이 새로운 욕망을 만들어내고 그 만족을 추구하도록 강요한다. 이렇게 해서 우리는 그저 소비를 즐기는 인간만 되는 것이 아니다. 자본과 결탁한 "파생실재hyperreal"(보드리야르, 1995: 39)의 세계에서 우리는 자본의 역학에 순응할 뿐인 초라한 피조물로 전락한다(스크립차크, 1993: 201).

20세기 말 이후 현재와 가까운 미래에 관한 보드리야르의 진단은 디스토피아의 색채를 강하게 띠고 있다. 그가 그려 보이는 인간사회의 모습은 암울하기 짝이 없다. 자본과 매체가 만들어내는 가상적 실재 속에서 인간은 의미라는 중심 추를 갖지 못한 채 부유한다. 보드리야르가 설파하는 시대상은 그처럼 어두움으로 덧칠되어 있다. 하지만 현실이 온통 어두움뿐이라는 진술은 항상 밝음을 전제한다. 온통 어두움뿐이고 밝음이라곤 전혀 없는 세상이 정말 도래한다면, 어두움이라는 비관적 진술조차 가능하지 않게 될 것이다. 어두움과 밝음은 서로를 전제하는 개념이기 때문이다. 달리 말해, 모든 디스토피아는 결코 버릴 수 없는 희망을 간직하고 있기 마련이다. 그런 희망 때문에 디스토피아도 묘사되는 것이다. 이런 의미에서 비관과 허무가 짙게 배어 있는 보드리야르의 현실진단은 인간의 또 다른 가능성에 대한 희망을 실낱처럼 품고 있다.

이와 연관된 맥락에서 우리는 이런 생각도 해볼 수 있다.

세계의 존재질서에 관해 원리적 통찰을 제시하는 “형이상학자”(스크립차크, 1993: 192) 보드리야르에게는 플라톤의 흔적 또한 남아 있다고. 물론 보드리야르는 존재/진리 대 가상의 대립이라는 플라톤 이래 서구 형이상학의 이론 틀이 현실에서 더 이상 유효하지 않음을 주장하는 사상가이다. 하지만 그가 ‘모든 것이 시뮬라크르이다’, ‘현실은 이제 시뮬라크르로만 구성된 파생실재다’라고 주장한다면, 이런 진술은 시뮬라크르가 아닌 것, 즉 그 어떤 원본실재의 존재 가능성을 전제한다. 그리고 그가 전자의 상황에 비관의 눈길을 던진다면, 후자의 상황은 상대적으로 긍정적 가치를 함축하게 된다. 이 점을 생각한다면 그의 주장은 원본과 복제의 구분, 존재와 가상의 분리가 가능했던 상황에 대한 일종의 향수를 숨기고 있다고도 생각될 수 있다.

더 나아가, ‘현실’에 대한 ‘올바른’ 진단의 제시라는 측면에서도 그의 사유는 존재/진리 대 가상의 대립 구도 안에서 움직이고 있다. 만약 이 점이 부인된다면, 그래서 진리나 참된 존재 같은 것은 없고 오직 가상뿐이라고 주장된다면, 다음과 같은 물음에 직면해서 답변이 다소 궁색해질 수밖에 없을 것이다. 모든 것이 시뮬라시옹의 세계에 잠겨 있는 것이라면, 보드리야르의 주장 또한 지시대상 없는 시뮬라크르, 간단히 말해 의미 없는 소리의 신세에서 벗어날 수 없지 않겠는가?

니체 이후 현대 사상에서는 진리/존재 대 가상의 경계가 불분명해졌다는 주장, 심지어 모든 것이 가상이라는 주장이 심심치 않게 제기된다. 우리는 그런 주장의 근거를 충분히 헤아릴 수 있다. 우리가 사는 세상은 그런 주장에 일정 정도 타당성을 부여하고 있기 때문이다. 하지만 그런 주장을 제기하는 측도 자신의 견해만은 타당한 것으로 수용되기를 원하는 게 사실이다. 자신의 견해가 절대불변의 진리는 아닐지라도 최소한의 진리가는 지닌 것으로 받아들여지기를 원하는 것이다(앞서 우리는 프로타고라스와 관련해서 이 점을 지적한 바 있다).

요점은 이렇다. 플라톤에 의해 체계적으로 정식화되었다 할 진리/존재 대 가상의 대립은 우리가 삶과 세계를 이해하고 - 결국 같은 말이지만 - 거기에 의미를 부여하려 한다면 벗어나기가 쉽지 않은 도식이다. 반플라톤주의란 관념은 플라톤 사유의 기본 틀을 전제할 때만 유의미하다. 진정 플라톤 사유의 기본 틀에서 벗어나려 한다면 반플라톤주의라는 개념이나 그 발상조차 단념해야 한다. '진리의 세계와 더불어 우리는 가상의 세계도 없애버렸다'고 말했을 때 니체가 뜻한 바가 바로 그것이었다. 그렇다면 니체 자신은 과연 이 도식을 무너뜨리는 데 성공한 것일까? 니체의 경우든 보드리야르의 경우든, 우리로서는 이 문제에 관해 딱 부러지는 답을 내기가 어렵다. 말하자면, 그렇기도 하고 아니기도 하다. 이 문제를 다루려면 영미 분석철학이 제안한 답변을 검토하는 등의 복잡한 논의로 다시금 빠져들 수밖에 없다.

맺음말

독일 전통의 미학 개념인 가상은 오늘날 그 학문적 실효성을 점차 상실해 가고 있다. 실러나 헤겔 혹은 아도르노를 거론하지 않는 한, 구체적 내용성을 가진 것으로서의 가상 개념을 미와 예술에 적용하기란 쉬운 일이 아니다. 달리 말해, 우리는 그러한 미학자들의 논의 맥락 밖에서 이 개념을 의미 있게 사용하기가 어렵다. 이런 점에서 미학의 개념으로서 가상은 '역사적인' 개념이다. 가상은 미학의 주요 개념으로서 일정 역사적 시기를 풍미했으나, 이제는 예전처럼 주목받는 용어로는 등장할 수 없다는 뜻이기도 하다.

가상이 미학의 개념으로 정립될 수 있었던 것은 근원적으로 볼 때 플라톤 사상의 덕분이다. 플라톤은 예술의 본질을 비-진리, 비-존재로 규정했고, 이런 관점은 플라톤 사상의 압도적 위력에 힘입어 근대까지 지속된다. 근대인들에게도 예술의 본질은 환영이나 모방 등으로 사유되며, 근대 독일인들은 이러한 예술의 본질을 '가상'이란 개념으로 표현했다. 다만 근대 유럽인들은 예술의 본질이라 생각된 환영이나 모방, 가상 등에 다분히 긍정적인 의미를 부여함으로써 은연중에 플라톤을 배반했다. 이런 배반이 가능했던 것은 르네상스 이후 이른바 '순수예술'과 그에 대한 찬미라는 '문화적 발명'이 있었기 때문이기도 하다. 이 문화적 발명에 아리스토텔레스의 예술관고 동원되었음은 물론이다. 그리고 독일인들은 미와 예술이 비-진리, 비-존재이면서도 지극히 긍정적인 것임을 표현하는 과정에서 다의적 용어인 'Schein'을 십분 활용했다.

미와 예술의 – 사회현실과 구별되는 - 자율적 가상 성격에 관한 논의가 꽃피웠던 것은 칸트와 실러에게서 시작되는 독일 관념론 미학에서이다. 20세기에 이르러서도 관념론 전통에서 전적으로 자유롭지는 않은 많은 사상가가 자율적 가상을 미와 예술의 본질로 논한다. 이 책에서는 다루지 못한 마르쿠제나 에른스트 블로흐Ernst Bloch(1885-1977) 등이 그런 예에 속한다. 아도르노는 독일 미학에서 가상 개념을 구제하려 한 마지막 사상가라 할 수 있다. 그러나 아도르노 사후 독일 미학에서 가상 개념은 주도적 의미를 상실한다(행크만/로터, 2002: 99). 이런 경향은 아도르노 사후 그의 미학을 계승하려는 미학자들 사이에서도 나타난다. 일례로 아도르노 이후 독일 미학을 주도하는 철학자 중 하나인 마르틴 젤Martin Seel(1954년생)은 아도르노의 미학적 성과를 창조적으로 수용하려 하지만 가상 개념의 실효성에 대해서는 회의적 태도를 보인다(Seel, 1996: 104-106; 박민수, 2010).

아도르노 이후 독일 미학에서 가상이란 개념이 점차 외면받고 있는 데는 여러 가지 이유가 있겠지만, 필자가 생각하는 이유는 무엇보다 다음의 두 가지이다. 우선 오늘날에는 비-진리로서의 가상과 진리의 경계가 예전만큼 명확히 규정 가능한 것으로 생각되지 않는다. 특히 20세기 후반 니체 철학의 부활과 포스트모던 사상의 유행 이후로는 인간 인식의 한계와 지식의 구성적·상대적 성격이 강하게 부각되는 추세이다. 진리와 가상 사이의 경계에서 모호함과 흐릿함을 깨끗이 씻어내기란 불가능하다는 견해가 점차 확산되고 있는 것이다. 이런 상황에서는 예술의 본질을 독특한 가상이라 규정하는 방식으로 예술을 현실이나 학문적 진리와 구별짓고, 때로 그보다 높은 위치에 부각시키려는 시도가 큰 의미를 갖지 못하게 된다. 어차피 현실도 그 나름의 독특한 가상 성격을 지니고 있으니 말이다. 더욱이 새로운 매체의 점진적인 현실 장악이 전통적인 진리/존재 대 가상의 구분을 약화시키는 중이다. 이런 의미에서 디지털적 가상이 만연해가는 현실은 – 역설적이지만 – 전통적 미학 개념으로서 가상의 약화를 가속화한다고도 말할 수 있다.

다음으로 – 방금 말한 점과 연관이 없지 않은 사실이지만 - 오늘날의 미학은 가상이나 모방, 환영 등의 몇 가지 개념으로 예술 일반의 '본질'을 단적으로 규정하려는 추세에서 벗어나고 있다. 사실 미학 뿐 아니라 학문 전반에서는 어떤 사태로부터 불변의 본질을 찾아내고 그에 의해 사태를 규정·해석하는 본질주의적 관점이 점차로 쇠퇴하고 있다. 구조주의 이후로 어떤 사태의 본질적이고 고정적인 정체성을 규명하려는 시도 대신 관계성과 상호성에서 사태의 정체성을 설명하는 방식이 점점 더 설득력을 얻고 있는 것이다. 다양한 사상적 조류와 유파에서 나타나는 명칭이나 담론 혹은 방법론, 예컨대 해체론이나 노마디즘, 혼종성, 탈경계 등은 그러한 관계적·역동적 관점의 확산을 보여준다. 미학의 영역에서도 예술의 본질을 다른 영역과 단적으로 '구분되는 독특한' 가상 성격에서 찾으려는 관점은 더 이상 커다란 호소력을 갖지 못한다. 사실 오늘날에는 철학, 역사학, 자연과학 혹은 미학, 윤리학, 언어철학 등의 전문분과를 구분하는 사고방식조차 낡은 것으로 의심 받아가는 실정이다.

물론 지나간 사상은 미래 어느 지점에선가 새롭게 해석되고 수용될 가능성을 갖기 마련이다. 18세기 이후 20세기 전반까지 꽃피웠던 독일의 관념론적 미학 전통에도 언젠가 새로운 해석과 창조적 수용에 의해 다시금 만발한 가능성은 남아있을 것이다. 철학사의 조그만 정거장 같았던 베르그손이 20세기 어느 프랑스 사상가의 주도로 새로이 주목받고, 한동안 '죽은 개' 취급을 받았던 마르크스가 오늘날 부활의 기미를 보이듯 말이다. 그리고 만약 독일의 관념론적 미학 전통이 새로운 각광을 받게 되는 날이 온다면, 이 전통의 가상 개념도 그 빛 아래 다시금 반짝거릴지 모를 일이다.

참고문헌

거드리, W. K. C.: 『희랍 철학 입문』, 박종현 옮김, 종로서적, 1981.

게바우어, 군터 / 불프, 크리스토프: 『미메시스 - 사회적 행동·의례와 놀이·미적 생산』, 최성만 옮김, 글항아리, 2015.

김남두: 『파르메니데스 '단편들'』, 서울대학교 철학사상연구소, 2006.

김수용: 「고전주의 문학이론」, 실린 곳: 지명렬 외, 『독일문학사조사』, 서울대 출판부, 1986.

김영균: 「영원한 인식과 존재의 근거 - 이데아론과 고대 그리스의 형이상학」, 실린 곳: 최재식 외, 『철학의 전환점』, 프로네시스, 2012.

김율: 「중세 미학사상의 흐름」, 실린 곳: 미학대계간행회, 『미학대계 제1권: 미학의 역사』, 서울대학교 출판부, 2008.

김주일: 「만물의 근원을 찾아서 - 파르메니데스와 자연철학」, 실린 곳: 최재식 외, 『철학의 전환점』, 프로네시

스, 2012.

깁슨, 윌리엄: 『뉴로맨서』, 김창규 옮김, 황금가지, 2005.

니체, 프리드리히: 『니체 전집』, 전21권, 니체편집위원회 편, 책세상, 2005.

라이프니츠, 빌헬름: 『형이상학 논고』, 윤선구 옮김, 아카넷, 2010.

레비, 피에르: 『디지털 시대의 가상현실』, 전재연 옮김, 궁리, 2002.

레비, 피에르: 『사이버 문화: 유럽의회 보고서 - 뉴 테크놀로지와 문화협력 그리고 커뮤니케이션』, 김동윤/조준형 옮김, 문예출판사, 2000.

마르쿠제, 허버트: 『미학과 문화』, 최현/이근영 옮김, 범우사, 1992.

문성훈: 「이성 실현에서 이성 비판으로 - 프랑크푸르트학파의 사회철학」, 실린 곳: 철학 아카데미 편, 『현대철학의 모험 - 20세기에는 무엇을 사유했는가』, 도서출판 길, 2007.

박민수: 「미와 현상에서의 자유 - 쉴러의 〈칼리아스 편지〉에서 객관적 미의 연역」, 실린 곳: 뷔히너와 현대문학, 제32호, 2009.

박민수: 「미적 경험과 좋은 삶 - 마르틴 젤의 미학에 대하여」, 실린 곳: 독일문학, 제113집, 2010.

박민수: 『바움가르텐의 〈미학〉 읽기』, 세창출판사, 2015.

백종현: 「허위·착오·가상」, 실린 곳: 백종현, 『철학의 주요 개념 I』, 서울대학교 철학사상연구소, 2003.

벨머, 알브레히트: 『모더니즘과 포스트모더니즘의 변증법』, 이주동/안성찬 옮김, 도서출판 녹진, 1993.

보드리야르, 장: 『시뮬라시옹 - 포스트모던 사회문화론』, 하태환 옮김, 민음사, 1995.

블루멘베르크, 한스: 「진리의 은유로서 빛 – 철학적 개념이 형성되기 이전에」, 실린 곳: 데이비드 마이클 레빈 엮음, 『모더니티와 시각의 헤게모니』, 정성철/백문임 옮김, 시각과 언어, 2004.

비어슬리, 먼로 C.: 『미학사』, 이성훈/안원현 옮김, 이론과 실천, 1987.

사카베 메구미 외: 『칸트사전』, 이신철 옮김, 도서출판b, 2009.

슈퇴리히, 한스 요아힘: 『세계 철학사』, 박민수 옮김, 이룸, 2008.

슐릭, 모릿쯔: 『연관된 철학의 문제들』, 안종수 옮김, 고려원, 1992.

스크립차크, 장 프랑수아: 「장 보드리야르 또는 현재의 유토피아 - 소비사회의 대한 철저한 비판을 위하여」, 실린 곳: 장 프랑수아 스크립차크 / 마리 프랑스와즈 코트 잘라드 / 미셸 리샤르, 『오늘을 위한 프랑스 사상가들』, 이상률/양운덕 옮김, 청아출판사, 1993.

스텀프, 새뮤얼 이녹 / 피저, 제임스: 『소크라테스에서 포스트모더니즘까지』, 이광래 옮김, 열린책들, 2007.

실러, 프리드리히: 『미학편지 - 인간의 미적 교육에 관한 실러의 미학 이론』, 안인희 옮김, 휴먼아트, 2012.

심혜련: 『사이버스페이스 시대의 미학 - 새로운 아름다움이 세상을 지배한다』, 살림, 2006.

아도르노, 테오도르 W.: 『미학이론』, 홍승용 옮김, 문학과지성사, 1993.

아도르노, 테오도르 W. / 호르크하이머, 막스: 『계몽의 변증법』, 김유동 옮김, 문예출판사, 1995.

아도르노, 테오도르 W.: 『부정변증법』, 홍승용 옮김, 한길사, 1999.

아도르노, 테오도르 W.: 『미니마 모랄리아 - 상처받은 삶에서 나온 성찰』, 김유동 옮김, 도서출판 길, 2005.

아리스토텔레스: 『시학』, 이상섭 옮김, 문학과지성사, 2005.

아리스토텔레스: 『형이상학』, 전2권, 조대호 옮김, 2012.

융, 베르너: 『미메시스에서 시뮬라시옹까지 - 미학사 입문』, 장희창 옮김, 경성대학교 출판부, 2006.

임석재: 『하늘과 인간 – 임석재 서양건축사 3』, 북하우스, 2006.

제임슨, 프레드릭: 『변증법적 문학이론의 전개』, 여홍상/김영희 옮김, 창작과비평사, 1993.

진중권: 『진중권의 현대미학 강의 - 숭고와 시뮬라크르의 이중주』, 아트북스, 2004.

카시러, 에른스트: 『계몽주의 철학』, 박완규 옮김, 민음사, 1995.

칸트, 임마누엘: 『순수이성비판』, 전2권, 백종현 옮김, 아카넷, 2006.

칸트, 임마누엘: 『판단력비판』, 백종현 옮김, 아카넷, 2009.

코플스톤, 프리데릭 찰스: 『그리스 로마 철학』, 김보현 옮김, 철학과 현실사, 1998.

쿤츠만, 페터 / 부카르트, 프란츠-페터 / 비트만, 프란츠: 『그림으로 읽는 철학사』, 홍기수/이정숙 옮김, 예경, 2000.

타타르키비츠, W.: 『타타르키비츠 미학사 1: 고대미학』, 손효주 옮김, 미술문화, 2005.

타타르키비츠, W.: 『타타르키비츠 미학사 2: 중세미학』, 손효주 옮김, 미술문화, 2008.

테일러, 찰스: 『헤겔』, 정대성 옮김, 그린비, 2015.

파르메니데스: 「단편들」, 실린 곳: 탈레스 외, 『소크라테스 이전 철학자들의 단편 선집』, 김인곤/강철웅/김재홍/김주일/양호영/이기백/이정호/주은영 옮김, 아카넷, 2005.

플라톤: 『국가·정체』, 박종현 옮김, 서광사 1997.

플라톤: 『소피스테스』, 김태경 옮김, 한길사, 2000.

플라톤: 『필레보스』, 박종현 옮김, 서광사, 2004.

플라톤: 『향연』, 강철웅 옮김, 이제이북스, 2011.

플룸페, 게어하르트, 『현대의 미적 커뮤니케이션』, 전2권, 홍승용 옮김, 경성대학교출판부, 2008.

한자경, 『자아의 연구』, 서광사, 1997.

행크만, 볼프하르트 / 로터, 콘라드: 『미학사전』, 도서출판 예경, 김진수 옮김, 2002.

헤겔, 게오르크 빌헬름 프리드리히: 『철학강요』, 서동익 옮김, 을유문화사, 1992.

헤겔, 게오르크 빌헬름 프리드리히: 『정신현상학』, 전2권, 임석진 옮김, 지식산업사, 1995.

헤겔, 게오르크 빌헬름 프리드리히: 『대논리학』, 전3권, 임석진 옮김, 벽호, 1997.

헤겔, 게오르크 빌헬름 프리드리히: 『헤겔 예술철학 - 베를린 1823년 강의』, 한동원/권정임 옮김, 미술문화, 2008.

회페, 오트프리트 엮음: 『철학의 거장들 1 – 고대·중세 편: 고대 철학자에서 쿠자누스까지』, 이강서/한석환/김태경/신창석 옮김, 한길사, 2001.

회페, 오트프리트 엮음: 『철학의 거장들 4 – 현대 편: 니체에서 사르트르까지』, 이진우/윤형식/김희봉/최재식/윤선구/이종훈/신상희/구연상 옮김, 한길사, 2003.

Alt, Peter-André: *Schiller. Leben - Werk - Zeit*, 2 Bde., München, 2000.

Angehrn, Emil: Kunst und Schein. Ideengeschichtliche Überlegungen im Ausgang von Hegel, in: *Hegel-Studien* 24, 1989.

Baumgarten, Alexander Gottlieb: *Philosophische Betrachtungen über einige Bedingungen des Gedichts* (Lateinisch-Deutsch), übersetzt und mit einer Einleitung hrsg. von Heinz Paetzold, Hamburg, 1983a.

Baumgarten, Alexander Gottlieb: *Texte zur Grundlegung der Ästhetik*, übersetzt und hrsg. von Hans Rudolf Schweizer, Hamburg, 1983b.

Baumgarten, Alexander Gottlieb: *Metaphysik*, übersetzt von Georg Friedrich Meier, nach dem Text der zweiten, von Johann August Eberhard besorgten Ausgabe 1783, Jena, 2004.

Baumgarten, Alexander Gottlieb: *Ästhetik* (Lateinsich-Deutsch), 2 Bde., übersetzt, mit einer Einführung, Anmerkungen und Registern hrsg. von Dagmar Mirbach, Hamburg, 2007.

Blumenberg, Hans: *Die Genesis der kopernikanischen Welt*, Frankfurt am Main, 1985.

Bollmann, Stefan: Einführung in den Cyberspace, in: Stefan Bollmann (Hrsg.), *Kursbuch Neue Medien. Trends in Wirtschaft und Politik, Wissenschaft und*

Kultur, Hamburg, 1998.

Brittnacher, Hans Richard / Stoermer, Fabian: Vom Schein des Schönen und seinen Schatten. Zur Einführung, in: Hans Richard Brittnacher / Fabian Stoermer (hrsg.), *Der schöne Schein der Kunst und seine Schatten. Festschrift für Rolf-Peter Janz zum 60. Geburtstag*, Bielefeld, 2000.

Cassirer, Ernst: *Kants Leben und Lehre*, reprographischer Nachdruck der Ausgabe 1975, Darmstadt, 1994.

Claus, Jürgen: Die Kunst in der Medienrevolution, in: Stefan Bollmann (Hrsg.), *Kursbuch Neue Medien. Trends in Wirtschaft und Politik, Wissenschaft und Kultur*, Hamburg, 1998.

Dammjanovic, Milan: Schein, ästhetischer, in: Hans Jörg Sandkühler (hrsg.), *Europäische Enzyklopädie zu Philosophie und Wissenschaften*, Bd. 4 (R-Z), 1990.

Disse, Jörg: *Kleine Geschichte der abendländischen Metaphysik*, Darmstadt, 2001.

Eichhorn, Erik: Virtuelle Realität - Medientechnologie der Zukunft?, in: Stefan Bollmann (Hrsg.), *Kursbuch Neue Medien. Trends in Wirtschaft und Politik, Wissenschaft und Kultur*, Hamburg, 1998.

Esders, Karin: Cyberspace, in: Achim Trebaß (Hrsg.),

Metzler Lexikon Ästhetik, Stuttgart/Weimar, 2006.

Ferry, Luc: *Der Mensch als Ästhet. Die Erfindung des Geschmacks im Zeitalter der Demokratie*, Stuttgart 1992.

Figal, Günter / Flickinger, Hans Georg: Die Aufhebung des schönen Scheins. Schöne und nicht mehr schöne Kunst im Anschluß an Hegel und Adorno, in: *Hegel-Studien*, Bd. 14, 1979.

Forest, Fred: Für eine Kunst im Virtuellen Raum, in: Stefan Bollmann (Hrsg.), *Kursbuch Neue Medien. Trends in Wirtschaft und Politik, Wissenschaft und Kultur*, Hamburg, 1998.

Frank, Manfred: *Einführung in die frühromantische Ästhetik*, Frankfurt am Main, 1989.

Frank, Manfred / Zanetti, Veronique: Der philosophiegeschichtliche Kontext. Deutungsaspekte, in: Immanuel Kant: *Schriften zur Ästhetik und Naturphilosophie. Text und Kommentar*, hrsg. v. Manfred Frank und Veronique Zanetti, 3 Bde., Frankfurt am Main, 2001, Bd. 3.

Freier, Hans: *Die Rückkehr der Götter. Von der ästhetischen Überschreitung der Wissengrenze zur Mythologie der Moderne. Eine Untersuchung zur system-*

atischen Rolle der Kunst in der Philosophie Kants und Schellings, Stuttgart, 1976.

Früchtl, Josef: Schein, in: Karlheinz Barck & others (hrsg.), *Ästhetische Grundbegriffe. Historisches Wörterbuch in sieben Bänden*, Bd. 6, Stuttgart/ Weimar, 2003.

Hegel, Georg Wilhelm Friedrich: *Vorlesungen über Ästhetik. Berlin 1820/21. Eine Nachschrift I. Textband*, hrsg. v. Helmut Schneider, Frankfurt am Main u.a., 1995.

Hegel, Georg Wilhelm Friedrich: *Philosophie der Kunst oder Ästhetik. Nach Hegel. Im sommer 1826. Mitschrift Friedrich Carl Hermann Voctor von Keher*, hrsg. v. Annemarie Gethmann-Siefert und Bernadette Collenberg-Plotnikov unter Mitarbeit von Francesca Kannelli und Karsten Berr, München, 2004.

Herder, Johann Gottfried: *Die kritische Wälder zur Ästhetik, in: Werke in zehn Bänden*, hrsg, v. Günter Arnold, u. a., Frankfurt am Main, 1985ff.: Bd. 2, 1993.

Innerhofer, Roland / Harrasser, Karin: Virtuelle Realität, in: Achim Trebaß (Hrsg.), *Metzler Lexikon Ästhetik*,

Stuttgart/Weimar, 2006.

Ishikawa, Fumiyasu: Zur Entstehung von Kants kopernikanischer Wende - Kant und Lambert, in; Gerhard Funke (hrsg.), *Akten des Siebenten Internationalen Kant-Kongresses*, Bd. II,, Bonn/Berlin 1991.

Janz, Rolf-Peter: Kommentar zu Kallias, oder über die Schönheit, in: Friedrisch Schiller, *Werke und Briefen in zwölf Bänden, Bd. 8: Theoretische Schriften*, hrsg. v. Rolf-Peter Janz, Frankfurt am Main 1992.

Kant, Immanuel: Eine bisher unbekannte lateinische Rede Kants über Sinnestäuschung und poetische Fiktion, übersetzt und erklärt von Bernhard Adolf Schmidt, in: *Kant-Studien*, Bd. 16, 1911.

Kant, Immanuel: *Bemerkungen in den »Beobachtungen über das Gefühl des Schönen und Erhabenen«*, neu hrsg. u. kommentiert v. Marie Rischmüller, Hamburg, 1991.

Kant, Immanuel: *Schriften zur Ästhetik und Naturphilosophie. Text und Kommentar*, hrsg. v. Manfred Frank und Veronique Zanetti, 3 Bde., Frankfurt am Main, 2001.

Kleinschmidt, Erich: Die Wirklichkeit der Literatur. Fiktionsbewußtsein und das Problem der ästhetischen Realität von Dichtung in der Frühen Neuzeit, in: *Deutsche Vierteljahresschirft*, 1982.

Korff, Hermann August: *Geist der Goethezeit. Versuch einer ideellen Entwicklung der klassisch-romantischen Literaturgeschichte, II. Teil: Klassik*, Leipzig 1966.

Krämer, Sybille: Vom Trugbild zum Topos. Über fiktive Realitäten, in: Stefan Iglhaut / Florian Rötzer / Elisabeth Schweeger (Hrsg.), *Illusion und Simulation*, Hamburg, 1995.

Lambert, Johann Heinrich: *Neues Organon oder Gedanken über die Erforschung und Bezeichnung des Wahren und dessen Unterscheidung vom Irrtum und Schein*, hrsg. v. Günter Schenk, 3 Bde., Berlin 1990.

Luhmann, Niklas: *Die Kunst der Gesellschaft*, Frankfurt am Main, 1997.

Meerbote, Ralf: Introduction to 〈Concerning Sensory Illusion and Poetic Fiction〉, in: Immanuel Kant: *Kant's Latin Writings. Translations, Commentaries, and Notes*, ed. by Lewis White Beck, New York u. a. 1992.

Paetzold, Heinz: *Ästhetik des deutschen Idealismus. Zur Idee ästhetischer Rationalität bei Baumgarten, Kant,*

Schelling, Hegel und Schopenhauer, Wiesbaden, 1983.

Peters, Wilhelm S.: I. Kants Verhältnis zu J. H. Lambert, in: *Kant-Studien*, Bd. 59, 1968.

Poppe, Bernhard: *Alexander Gottlieb Baumgarten. Seine Bedeutung und Stellung in der Leibniz-Wolffischen Philosophie und seine Beziehung zu Kant. Nebst Veröffentlichung einer bisher unbekannten Handschrift der Ästhetik Baumgartens*, Borna/Leipzig, 1907.

Recki, Birgit: *Ästhetik der Sitten. Die Affinität von ästhetischen Gefühl und praktischer Vernunft bei Kant*, Frankfurt am Main, 2001.

Santel, Gabriel / Rohs, Peter / Liebsch, Dimitri: Schein, in: Joachim Ritter / Karlfried Gründer (hrsg.), *Historisches Wörterbuch der Philosophie*, Bd. 8 (R-Sc), Basel 1992.

Scheer, Brigitte: *Einführung in die philosophische Ästhetik*, Darmstadt, 1997.

Seel, Martin: Vor dem Schein kommt das Erscheinen. Bemerkung zu einer Ästhetik der Medien, in: Martin Seel, *Ethisch-ästhetische Studien*, Frankfurt am Main, 1996.

Ueberweg, Friedrich: *Grundriss der Geschicht der*

Philosophie, 3. Teil: Die Philosophie der Neuzeit bis zum Ende des XVIII. Jahrhunderts, Berlin 1924.

Weinberg, Manfred: Simulakrum, in: Achim Trebaß (Hrsg.), *Metzler Lexikon Ästhetik*, Stuttgart/Weimar, 2006.

Wiegmann, Hermann: *Geschichte der Poetik. Ein Abriß*, Stuttgart, 1977.

Windgätter, Christoph: Jean Baudrillard - Wie nicht simulieren oder: Gibt es ein Jenseits der Medien?, in: Alice Lagaay / David Lauer (Hrsg.): *Medientheorie. Eine philosophische Einführung*. Frankfurt am Main / New York, 2004.

참고하면 좋은 책들

1. 브와디스와프 타타르키비츠, 『타타르키비츠 미학사』, 전 3권, 손효주 옮김, 미술문화 2014.

폴란드의 미학자가 1960년대에 완성한 이 저작은 표준적인 미학사로 정평이 나 있다. 이 저작은 고대와 중세 및 근대의 3편으로 구성되어 있으며, 시대별로 사상가와 근본 견해, 개념, 논쟁 등에 관해 상세한 정보를 제공한다. 대개의 미학사는 미학 분과의 생성 이후인 근현대에 관심을 집중시키고, 경우에 따라 이론적 전제를 형성한 고대 사상, 특히 플라톤과 아리스토텔레스에 관해 설명하는 형태를 취한다. 그에 비해, 이 저작 고대 편의 관심사는 플라톤과 아리스토텔레스 사상에 한정되지 않는 폭넓은 영역에 걸쳐 있으며, 중세 편은 이 주제와 관련해서 국내 독자가 접할 수 있는 움베르토 에코 등의 저작보다 훨씬 더 상세하다. 근대 편은 저자의 특히 귀중한 학문적 성과인데, 서양에서도 연구가 많지 않은 미학 태동기의 다양한 예술이론적 성과와 경향을 다루고 있기 때문이다. 타타르키비츠의 저작은 미학과 예술이론에 관심을 가진 독자라면 반드시 정독해 볼 만한 책이다.

2. 김율, 『서양 고대 미학사 강의 - 철학사로서의 미학사 이해를 위하여』, 한길사 2010.

국내 중세미학 전공자의 이 책은 우선 미학사의 과제에 관해 설명한 후, 미와 예술에 관한 고대 담론의 형성과정을 형이상학의 형성 맥락에서 알기 쉽게 소개한다. 다음으로 저자는 고대 미학의 대표적 사상가라 할 수 있는 플라톤과 아리스토텔레스 및 플로티누스의 사상을 일목요연하게 설명해 주고 있다. 학생들 대상의 강의를 토대로 한 저작이기에 국내에 번역된 외국 저자의 책들, 예컨대 존 깁슨 워리의 저작과 비교해서 이해하기가 쉬운 편이다. 미학의 개념 가상의 이론적 전제가 되는 고대 사상의 이해를 심화시키고 싶다면 일독을 권한다.

3. 진중권, 『현대미학 강의 - 탈근대의 관점으로 읽는 현대 미학』, 아트북스 2013.

국내 독자에게 잘 알려진 저자의 이 책은 '주체의 죽음'이란 논제를 근본에 두고서 현대 사상가 8명의 미학이론을 일목요연하게 풀이해 나간다. 8명의 사상가는 베냐민과 하이데거, 아도르노 및 데리다, 푸코, 들뢰즈, 리요타르 그리고 보드리야르이다. 이 책은 현대 미학의 주요 사상에 대해 개관을 얻고자 하는 독자에게 권하고 싶다. 필자의 입문서에서 다뤄지는 아도르노와 보드리야르의 사상에 관해서도 좀 더 자세한 정보를 얻을 수 있다.

4. 카이 함머마이스터, 『독일 미학 전통』, 신혜경 옮김, 이학사 2013.

'철학적 미학', 즉 예술가 개인의 경험에 근거한 이른바 '예술가 미학' 등과 달리 철학의 분과로서 전개되는 미학은, 저자의 주장에 의하면 '현저히 독일적인 사태'이다. 이런 독일적 사태를 저자는 합리론 전통의 바움가르텐과 멘델스존에서 시작해 독일 관념론 미학을 거쳐 하이데거와 가다머 그리고 아도르노에 이르기까지 논한다. 20세기 중반까지 근현대 미학 담론 생산의 본거지라 할 수 있었던 독일의 굵직한 사상가들을 개괄적으로 소개하는 것이다(저자는 케르케고르와 루카치 같은 비독일인 사상가도 이 전통에 포함시키면서 그 근거를 제시하고 있다). 이 책에서 논의되는 독일의 미학 이론을 진중권의 저작에서 다뤄지는 프랑스 이론과 비교해 보는 것도 흥미로운 작업이 될 것이다.

5. 한자경, 『자아의 연구 - 서양근현대 철학자들의 자아관 연구』, 서광사 1997.

근현대 철학에서 핵심적인 논제의 하나는 주체/주관이다. 이 책은 근현대 주요 철학자들의 관점에서 주체/주관 혹은 자아라는 논제가 어떻게 다뤄지는가를 설명한다. 이 책은 3부로 구성되는데, 제1부는 근대 합리론과 경험론의 자아 문제를 정리하고 있다. 이때 다뤄지는 철학자는 데카르트와 스피노자, 라이프니츠, 홉즈, 흄이다. 제2부는 독일 근대철학자를 다루며 칸트와 피히테, 헤겔, 포이에르바흐, 니체의 자아관이 설명된다. 마지막 제3부에서 논의되는 것은 후설과 메를로-퐁티, 하이데거, 푸코 그리고 라캉의 자아관이다. 근대 미학의 개념 가상은 인간적 자아의 세계 경험 및 그의 진리 개념과 불가분한 관계에 있는 것이기에 가상이란 주제에 관심을 가진 독자도 이 책은 읽어볼 필요가 있다.

6. 김현강, 『이미지』, 연세대학교 출판문화원 2015.

이미지는 가상과 동일한 개념이 아니지만 많은 논제를 공유하는 개념이다. 어찌 보면, 과거 가상이란 개념으로 포착되었던 사태가 오늘날에는 '미감적 경험', '현상', '이미지' 등의 용어로 - 각기 관심의 초점을 달리하여 - 포착되는 추세에 있다고도 말할 수 있다. 그렇기에 우리는 이미지에 관한 최근 논의에 관심을 기울임으로써 미학의 개념 가상에 대한 이해와 성찰을 심화시킬 수도 있다. 이 책의 저자는 고대 모방론에서부터 현대 이미지학과 시각문화 연구에 이르기까지 이미지에 대한 서양의 이론적 관점이 어떻게 변천해 왔는가를 비교적 알기 쉽게 설명한다.

7. 조경진, 『예술은 어떻게 거짓이자 진실인가? - 화이트헤드와 함께하는 느낌의 미학』, 사람의무늬 2016.

예술이란 허구, 즉 거짓이자 진실이라는 역설적 위치에 있다는 관점은 고대로부터 줄기차게 유지되어 왔다. 필자의 입문서에서는 이 점이 'Schein'이라는 개념을 형성한 독일 미학 전통의 관점에서 설명되었다. 반면 조경진의 이 역작은 다소 다른 전통의 맥락에서 이 논제를 다룬다. 미감적 경험을 '느낌'이란 개념으로 설명한 화이트헤드의 독특한 미학이론에 근거해 이 논제를 다루는 것이다. 이 책은 우리에게 많이 알려졌다고는 볼 수 없는 화이트헤드의 형이상학을 비교적 알기 쉽게 풀이해주는 미덕도 지니고 있다.

〈문학의 기본 개념〉 총서를 펴내며

연세대학교 유럽사회문화연구소는 문학과 문화를 공부하는 이들을 위한 입문서로 〈문학의 기본 개념〉 총서를 펴냅니다. 이 총서는 문학을 배우거나 가르칠 때 자주 접하게 되는 주요 개념과 용어, 그리고 문학 현상과 관련된 여러 가지 주제와 이론을 쉽고 체계적으로 설명하는 책들로 꾸며집니다. 동시에 보다 심화된 공부를 위한 디딤돌로 사용할 수 있도록 국내의 연구 성과를 검토하고 최신의 연구 동향을 소개합니다.

지금까지 비슷한 시리즈나 연구서가 없었던 것은 아니지만, 외국 서적을 번역하거나 다루는 항목이 많지 않아서 입문서로서는 아쉬운 점이 많았습니다. 많은 경우 '우리'의 문학 입문서로서 갖추어야 할 현장감과 균형 감각이 크게 부족했고, 너무 전문적이라는 문제도 있었습니다. 우리나라의 문학연구 수준이 자체적으로 문학의 기본 개념을 집필할 수 있는 수준에 이르렀는데도 여전히 번역물에 의존하는 점도 아쉬웠습니다.

〈문학의 기본 개념〉 총서는 이러한 문제점을 인식하고

기획되었습니다. 우선 각 분야의 우리 연구자들이 직접 주제를 선정하고 집필하는 방식을 택하였습니다. 또한 번역물이 지닐 수 없는 미덕, 즉 우리말을 최대한 정확하고 유려하게 쓰고, 우리 문학 작품이나 국역된 외국 작품을 예문으로 삼아 설명함으로써 독자들의 이해를 돕고, 스스로 작품을 찾아 읽어볼 수 있게 배려하였습니다. 나아가 우리나라의 대학 교육현장에서 강의하고 연구한 경험이 배어있는 글쓰기를 추구하고자 하였습니다.

〈문학의 기본 개념〉 총서는 2001년 3월부터 필자를 공개 모집하기 시작하여 2003년 2월에 처음으로 1차분 네 권을 선보인 이래, 50권 발간을 목표로 꾸준히 출간되고 있습니다. 이 총서는 전국에 있는 모든 문학 연구자에게 집필의 장을 활짝 열어 놓고 있습니다. 소수의 전공자들만 읽는 학술지를 제외하고는 마땅한 글쓰기 장을 찾지 못했던 분들은 이 총서를 통해 좀 더 폭넓은 독자들과 만날 수 있을 것입니다. 뜻과 역량을 갖춘 연구자 여러분들의 적극적인 동참을 기대합니다. 유럽사회문화연구소 홈페이지(http://web.yonsei.ac.kr/ieurope)에 자세한 정보와 집필 신청서가 있습니다.

이 총서가 출간되기까지 많은 이들이 헌신적으로 도우셨습니다. 총서를 기획하고 발판을 마련한 (전)유럽문화정보센터의 초대 연구소장인 고영석 교수와 특히, 온 힘을 다해 애써준 1기 편집 위원 이경덕, 윤정임, 안소현, 김경식, 한

수영, 이선미, 오정숙 선생의 노고를 기록해 두려 합니다. 또한 2기와 3기, 4기 편집 책임자인 김경식, 박은경, 신성엽 선생의 땀방울도 총서에 스며있습니다. 연세대학교는 연구비 지원을 통해 기획과 집필이 가능하도록 도와주었습니다. 고마운 일입니다. 연세대학교 대학출판문화원은 출판을 맡아 수고해 주셨습니다. 이 모든 노고를 통해 우리의 문학/문화 연구 기반이 더욱 탄탄해지기를 기대해 봅니다.